はじめての
メタバース
metaverse
ビジネス活用図鑑

今泉響介
株式会社メタバース総研代表

BOW BOOKS

はじめに

「メタバース」という言葉を聞いたことがありますか?
多くの方がその言葉を耳にしたことはあるでしょう。
しかし、具体的な定義や意味を正しく説明できる方や、どのように活用されているかを詳しく知っている方となると、多くはないのではないでしょうか。

メタバースとは、ひとことでいうと、**「3次元の仮想空間」**のことです。その仮想空間では、遠く離れた友人とまるで同じ部屋にいるかのように会話をしたり、その世界に完全に入り込んだような臨場感でゲームを楽しんだりすることができます。
私自身、初めてメタバースを体験したときの驚きと興奮は今でも忘れられません。仮想空間で世界中の人がゲームや会話を楽しんでいて、私もリトアニアに住んでいる方と友達になることができました。その体験を通じて、メタバースが私たちの生活や仕事に大きな影響を与える可能性があることを強く感じました。

この説明だけでは、メタバースはおもにゲームで活用されていると誤解する方もいるかもしれません。実際、そうした誤解が、メタバースがいまひとつ、一般のビジネスパーソンの間に広がらない理由の1つであるようにも思われます。しかし、ゲームはあくまでメタバースの活用例の1つにすぎません。

メタバースはゲーム以外にも多くの場面で利用されており、私たちの生活や仕事において重要な役割を果たしています。

たとえば、次のような情報に出くわしたことはありませんか？

・製品を3Dで再現し、自由に大きさや向きを変えられるアプリ
・メタバース上で理科の実験を行えるプラットフォーム
・メタバースとプロジェクションマッピングが連動した参加型の観光体験

これらの事例からもわかるように、メタバースは業務効率化、教育、マーケティングなど、さまざまな用途で新しい価値を創出しています。

メタバースがビジネスを変える

メタバースの背後にはさまざまな先端技術があります。仮想現実（VR）や拡張現実（AR）はその代表例です。

**VRは、完全に仮想の世界に没入する体験を提供する技術、
ARは、現実世界にデジタル情報を重ね合わせる技術です。**

たとえば、VRゴーグルを装着することで、ユーザーは仮想空間に完全に入り込み、その中で自由に動き回ることができます。一方、ARはスマートフォンやタブレットの画面を通じて、現実世界にデジタル情報を重ねることができ、現実と仮想の融合を実現します。2016年のリリース時には社会現象にもなったポケモンGOにもARが活用されています。

昨今、そのような先端技術の発展は目覚ましく、VR/ARデバイスが小さく・安く・使いやすくなることで、さまざまな活動をメタバース上で行う未

来が実現する日が、もうすぐそこまで来ています。

　さらに、2024年6月28日には、Appleによる初のVR/ARデバイスである「Apple Vision Pro」が日本でも発売されました。涙を流す人もいるほどの圧倒的な没入感や、視線と指先の動きだけで操作できる洗練されたユーザー体験を実現した、魔法のようなプロダクトです。

　私もApple Vision Proを使っていますが、没入感のあるエンタメコンテンツを楽しむのはもちろん、好きな位置に画面を複数同時に表示して作業したり、製品の立体映像を映し出して指先の動きだけで自由自在に大きさや向きを変えたりなど、あらゆる仕事の効率化に役立てています。本書でも、Apple Vision Pro向けに制作された画期的なアプリの事例を多数紹介しています。

　このような状況の中で、本書は、メタバースのビジネス活用に興味を持っている方に向けて執筆しました。
　一人でも多くの方が、メタバースの可能性を最大限に活かして、今までにない新しい価値を世の中に提供していくためのサポートができれば幸いです。

本書の構成

　メタバースのビジネス活用のためにもっとも重要なことは、よりよい事例を知って、体験することにあります。
　そのため、本書ではメタバースの活用事例を中心に記載しました。その上でメタバースの基本概念から実際の導入手順までを網羅することで、読者の皆さまがメタバース活用を推進するための指針になることを目指しています。

第1部の「導入編　メタバースの基本とビジネスチャンス」では、メタバースの定義やその基盤となるテクノロジーについて詳しく解説しています。メタバースの可能性を最大限に引き出すための基礎を学ぶことができます。

　第2部の「図鑑編　メタバース活用事例100選」では、さまざまな分野・業界におけるメタバースの活用事例を100個紹介しています。事例を新規事業創出、既存事業強化、マーケティング、EC、業務効率化、教育・研修、社会課題解決に分類し、事例を豊富に取り上げることで、メタバースの実際の活用方法とその効果を具体的にイメージできる内容となっています。

　＜事例の紹介イメージ＞
　各事例について概要、ユーザーの体験（提供）価値、企業の投資価値（メリット）などを解説しています。

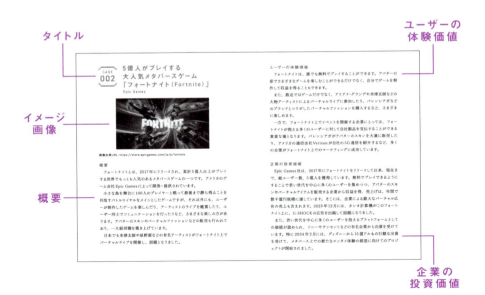

第3部の「活用編　メタバース活用のロードマップ」では、実際にメタバース活用を推進するために取り組むべきことを次の5つのステップで紹介しています。

1　実際にメタバースを体験する
2　市場動向・先行事例をリサーチする
3　活用方法・企画を検討する
4　プロジェクトの計画を立てる
5　メタバースを開発・運用する

　メタバース活用のよくある失敗例として、メタバースを体験したことがないにもかかわらず活用方法や企画の検討をすることが挙げられます。
　自分でもメタバースを体験しないと、利用者目線が欠如してしまったり、メタバースを活用すること自体が目的になってしまったりします。
　本書で取り上げたようなメタバースを体験しながら、しっかりと戦略や企画を検討し、成果につながる活用を推進することが重要です。

　私自身、メタバースを通じて新たな価値を生み出した成功事例を数多く目の当たりにしてきましたが、一方で、メタバースはまだまだ発展途上であり、その伸びしろは計り知れないことを実感しています。今後大きく発展していくのは間違いないでしょう。
　たとえば、不動産物件の内覧がVRゴーグルを使って自宅からでもできるようになったり、教育現場ではVRゴーグルを使って、通常、教室ではできないような大規模な実験ができるようになったりするでしょう。
　さらには、あらゆる人がARグラスをかけながら日常を過ごすようになるなど、今までの当たり前が大きく変わる未来がきっと訪れます。

現在、国内外を問わずさまざまな業界の企業が、そのポテンシャルの高さからメタバース活用を推進しています。しかし、私は、メタバース活用を通じて生み出されている価値はまだまだこんなものではないと思っています。

　本書が、メタバースが秘めている可能性を最大限に引き出し、新たな価値が創出される一助となれば幸いです。

今泉　響介

Contents

はじめに 003

第1部
導入編 メタバースの基本とビジネスチャンス

- そもそもメタバースって？ 020
- メタバースの土台となるテクノロジー 022
- VR（仮想現実）のここがすごい 024
- AR（拡張現実）のここがすごい 026
- MR（複合現実）で、こんなことも 028
- デジタルツインとは 030

第2部
図鑑編 メタバース活用事例100選

〈1〉 新規事業創出 034

1-1 バーチャルプラットフォーム展開

- CASE 001 ARアプリ「ポケモンGO」が世界的な大ブームに
  —— ナイアンティック 036
- CASE 002 5億人がプレイする大人気メタバースゲーム
  「フォートナイト（Fortnite）」—— Epic Games 038
- CASE 003 若者に大人気のアバターSNSプラットフォーム「ZEPETO」
  —— NAVER Z 040
- CASE 004 海外ユーザーに人気のアバターライブ配信
  プラットフォーム「REALITY」—— REALITY 042
- CASE 005 全く新しいゲームとエンタメのメタバース
  「ユニバース」の構築へ —— ディズニー×Epic Games 044
- CASE 006 バーチャルファッション特化の
  マーケットプレイスを開設 —— アダストリア 046

1-2 バーチャル空間ベースの新サービス提供

CASE 007 有名アーティストを集めたライブをメタバース上で開催し230万人を動員 —— サンリオ 048

CASE 008 日本最大級のVTuberライブイベントを開催 —— ドワンゴ 050

CASE 009 自分もヒーローになりマーベルの世界を体験 —— マーベル 052

CASE 010 SFのようにリアルタイム自動通訳が可能なアプリ「Navi」 —— Good Snooze 054

CASE 011 料理中もずっとレシピを見られるアプリ「Crouton」 —— Devin Davies 056

1-3 バーチャルアイテム販売

CASE 012 フォートナイトとコラボし、リアルとバーチャル両方で洋服を販売 —— バレンシアガ 058

CASE 013 スニーカーのNFTが7分で3億円売れたバーチャルファッションブランド —— RTFKT 060

CASE 014 有名キャラクターのデジタルフィギュアが目の前で動き回る —— 集英社・テレビ東京・ブラッククローバー製作委員会 062

CASE 015 メタバース上に設置できるリアルな家具を販売開始 —— オカムラ 064

1-4 リアル空間ベースの新サービス提供

CASE 016 ARを使ったバーチャルドッジボールを全世界350万人以上が体験 —— 「HADO」 066

CASE 017 空のF1「AIR RACE X」の迫力あるVR映像体験を提供 —— パルコ 068

2 既存事業強化 070

2-1 オフライン体験の強化

CASE 018 リアルとバーチャルがリンクした独特のパフォーマンスを披露 —— aespa 072

CASE 019 ARで進化する野球観戦体験「バーチャルPayPayドーム」 —— ソフトバンク 074

CASE 020 アトラクションにARを活用しマリオカートの世界を忠実に再現 —— USJ 076

CASE 021 大阪駅で参加型のAR体験イベントを開催 —— JR西日本 078

CASE 022 メタバースとプロジェクションマッピングが連動した参加型の観光体験 —— 京都市 080

2-2 製品の体験の強化

- **CASE 023** ARで自動車を操作できるコンセプトカーを発表── アウディ 082
- **CASE 024** ARで床の掃除をした箇所を確認できる掃除機をリリース ── ダイソン 084

2-3 オンラインサービスの体験の強化

- **CASE 025** ARによる矢印の表示でもう道に迷わない！── Google Map 086
- **CASE 026** Disney+のコンテンツを圧倒的な没入感で提供 ── ディズニー 088
- **CASE 027** コート脇にいるかのような迫力あるNBAの試合を放映── NBA 090
- **CASE 028** 全面星空の幻想的な体験が可能なアプリ「スカイ・ガイド」 ── Fifth Star Labs LLC 092
- **CASE 029** 仕事の効率を格段に高めるSAPのワークツール── SAP 094

3 マーケティング強化 096

3-1 ゲーミフィケーションの活用

- **CASE 030** ユーザーの投稿にAR広告フィルターをかける新しい広告スタイルを実現 ── SnapChat 098
- **CASE 031** 缶の上でパックマンが楽しめるARゲーム ── アサヒビール 100
- **CASE 032** VR空間上に仮想店舗をオープン、ハンバーガー作りの体験会を実施 ── モスフードサービス 102
- **CASE 033** Roblox上に観光名所を再現し、ゲームやイベントなどのコンテンツを提供 ── 東京都 104
- **CASE 034** TikTok上でARコンテンツが楽しめる環境キャンペーンを実施 ── シンガポール 106

3-2 ファンコミュニティ活性化

- **CASE 035** Roblox上にファンコミュニティの場をオープン ── TWICE 108
- **CASE 036** メタバース上に野球場を再現し、ファンとの接点を強化 ── MLB（メジャーリーグベースボール）110
- **CASE 037** メタバース上でサッカー観戦ができるパブリックビューイングを開催 ── KDDI 112
- **CASE 038** 3Dのガンダムを間近で見られる「ガンダムメタバース」を構築── バンダイナムコ 114

3-3 空間・世界観再現

- **CASE 039** フォートナイト上でライブを開催し数千万人を熱狂の渦に
  —— アリアナ・グランデ 116
- **CASE 040** ホラーアニメ「マニアック」の世界観をフォートナイト上に再現 —— Netflix 118
- **CASE 041** GUCCIの製品を質感や光沢までリアルに再現
  —— GUCCI 120
- **CASE 042** 過去7回にわたり「バーチャルマーケット」に出店し、リアル店舗への送客に成功 —— BEAMS 122
- **CASE 043** メタバース上に実物のホテルを再現し予約時とのイメージ違いを防止 —— マリオット・インターナショナル 124
- **CASE 044** 本物の家にいるかのようなリアルな内覧ができるアプリ
  —— Zillow 126
- **CASE 045** 醤油の醸造所をバーチャル上に再現し、こだわりを発信
  —— キッコーマン 128

3-4 広告出稿

- **CASE 046** フォートナイト上のSHIBUYA109に広告を出稿
  —— カシオ計算機 130

3-5 営業

- **CASE 047** 桜満開のVR空間で新車の発表会・試乗会を開催
  —— 日産自動車 132
- **CASE 048** メタバース上の展示会で工作機械の3Dモデルを再現
  —— 京セラ 134
- **CASE 049** メタバースとAI接客員を組み合わせたバーチャルモデルルームを展開 —— 西日本鉄道 136
- **CASE 050** 製品を3Dで再現し、自由に大きさや向きを変えられるアプリ —— JigSpace 138

4 ECの強化 140

4-1 エンタメ型ショッピング

- **CASE 051** ゲームやイベントも楽しめるメタバース上の百貨店「REV WORLDS」 —— 三越伊勢丹 142
- **CASE 052** Amazonに対抗し、メタバースショッピング空間をオープン
  —— ウォルマート 144

4-2 バーチャルお試し

- **CASE 053** 靴のサイズをARで計測しサイズ違いを防ぐアプリ
  —— NIKE 146
- **CASE 054** スマホを使って自分の顔で化粧品を試せるARメイク
  —— ZOZOCOSME 148
- **CASE 055** ARでメガネを試着できるアプリ —— Warby Parker 150
- **CASE 056** 自社のスポーツ用品をリアルに再現し、販売
  —— DECATHLON 152
- **CASE 057** ARによる商品試し置き機能を提供し、
  実店舗に近い商品確認が可能に —— Amazon 154
- **CASE 058** 3Dのマネキンでコーディネートが楽しめるECアプリ
  —— J.Crew 156
- **CASE 059** StockXが実物大の靴のショーケースを再現 —— StockX 158

5 業務効率化 160

5-1 設計

- **CASE 060** メタバース上で建築物の完成イメージを
  共有できるシステムを開発 —— 大成建設 162
- **CASE 061** 建築の全フェーズをデジタルツイン上で再現し、
  最適な設計を可能に —— 鹿島建設 164
- **CASE 062** 建物の3Dモデルをメタバース上に再現し、設計を最適化
  —— 大和ハウス工業 166

5-2 作業補助

- **CASE 063** ARヘッドセットを車体修理に活用し、作業効率を9割改善
  —— フォルクスワーゲン 168
- **CASE 064** ARヘッドセットで複雑な製品製造プロセスを可視化
  —— サントリー 170
- **CASE 065** 複雑な変電所機器の操作をARでサポート
  —— 東北電力ネットワーク 172

5-3 品質管理・保守

- **CASE 066** メタバース上に建物を再現し、建物検査を効率化
  —— 清水建設 174

CASE 067 KLMオランダ航空が飛行機整備の
事前シミュレーションを実施 —— KLMオランダ航空 176

5-4 設備運用

CASE 068 倉庫をデジタルツイン化し、
ロボットの動きをシミュレーション —— Amazon 178

CASE 069 デジタルツインで編み出した最適な生産ラインを
即時に現実の工場に反映 —— BMW 180

CASE 070 店舗をデジタルツインで可視化し、
商品の配置やレイアウトを最適化 —— Lowe's 182

CASE 071 鉄道網をデジタルツイン化し、列車運行計画を最適化
—— ドイツ鉄道 184

CASE 072 工場を丸ごとデジタルツイン化し、
設備の運用を最適化・効率化 —— 川崎重工 186

CASE 073 データセンターをデジタルツイン化し、
管理業務を省力化 —— NTTコムウェア 188

5-5 リモートワークの円滑化

CASE 074 Zoomでアバターによるリアルな会議が可能に —— Zoom 190

CASE 075 バーチャルオフィスを導入し医薬情報担当者（MR）に
柔軟な働き方を提供 —— アストラゼネカ 192

6 教育・研修 194

6-1 教育・トレーニング

CASE 076 メタバース上で楽しみながら
実践的な英会話を練習できるサービス —— Mondly 196

CASE 077 メタバース上で理科の実験を行えるプラットフォーム
—— Labstor 198

CASE 078 金融取引や投資を疑似体験できる街をMinecraft上に再現
—— Ally Financial 200

CASE 079 博物館をバーチャル化し、倉庫に眠っていた収蔵品も
展示可能に —— スコットランド国立博物館 202

CASE 080 本物のピアノがなくてもARでピアノ練習が可能に
—— Piano Vision 204

CASE 081 VRゴーグルを用いたサッカートレーニング体験イベントを
開催 —— 川崎フロンターレ 206

6-2 企業研修

- CASE 082 メタバース上に熟練作業員の動きを再現し、技術の効果的な継承へ —— 日立製作所 208
- CASE 083 VRで接客シチュエーションを再現し、従業員のトレーニングに活用 —— ウォルマート 210
- CASE 084 建設現場の足場の組立・解体の練習プログラムをメタバース上で提供 —— 杉孝 212
- CASE 085 メタバース上に火災現場を再現し、リアルな避難訓練を実施 —— 大成建設 214
- CASE 086 建設や工場での現場作業をガイドするARアプリ「Resolve」 —— Resolve 216

7 社会課題解決 218

7-1 研究開発

- CASE 087 核融合発電の実現に向け、デジタルツイン上に発電所を構築 —— 英国原子力公社 220
- CASE 088 メタバース上に火星を再現し、研究や船外活動訓練に活用 —— NASA 222
- CASE 089 海洋を再現したデジタルツインにより環境保全策の事前検証を可能に —— 富士通 224

7-2 都市開発

- CASE 090 あらゆるモノをインターネットで接続した未来都市「Woven City」 —— トヨタ 226
- CASE 091 日本全国の都市のデジタルツイン化プロジェクト「PLATEAU」 —— 国土交通省 228
- CASE 092 デジタルツインで駅周辺の人流を予測し、地域活性化を促進 —— 小田急電鉄 230
- CASE 093 世界で初めて国全体のデジタルツイン化に成功 —— シンガポール 232
- CASE 094 戦争で被災した都市の復興のためにデジタルツインを活用 —— ウクライナ 234
- CASE 095 あらゆる行政サービスを提供するメタバースを構築 —— 韓国ソウル市 236

7-3 医療

- **CASE 096** クロムウェル病院が手術のサポートにAR機能を活用
  —— クロムウェル病院 238
- **CASE 097** 手術前の患者の不安解消にVRゴーグルを活用
  —— ベアータ・ヴェルジーネ病院 240
- **CASE 098** 宇宙飛行士のメンタルケアにVRヘッドセットを活用
  —— 国際宇宙ステーション 242
- **CASE 099** 患者の身体情報や診断記録をデジタルツイン上に一括管理
  —— メッシュ・バイオ 244
- **CASE 100** Siemens Healthineersによる人体の3Dモデルを再現するアプリ —— Siemens Healthineers 246

第3部
活用編 メタバース活用のロードマップ

Step1 実際にメタバースを体験する 250

Step2 市場動向・先行事例をリサーチする 252
1 テクノロジー 253
2 ビジネス 254
3 ユーザー 255

Step3 活用方法・企画を検討する 257

Step3-1 「自社の課題×活用方法」のアイデアの幅出し 258
1 メタバースを活用し得る自社の経営課題を幅出しする 258
2 経営課題のうち、メタバースの活用が有効なものを知るには？ 259

Step3-2 アイデアの評価・選定 261
1 評価の2軸 261
2 よくある失敗 261

3 重要な視点 262
4 手段（メタバース活用）を目的化しない 263

Step3-3 ユーザー体験の具体化 263
1 先行事例の評価・分析 264
2 ターゲットユーザーへのインタビュー 264

Step4 プロジェクトの計画を立てる 265
1 期待する成果 266
2 スケジュール 266
3 リソース・体制 267

Step5 メタバースを開発・運用する 268
1 開発 269
2 運用 270

メタバース活用を成功させるための5つのポイント

Point 1 活用目的となぜメタバースなのかを明確にする 272

Point 2 中長期でのビジョンと戦略、ならびにステップごとの評価方法を策定しておく 273

Point 3 ユーザーファーストな体験設計を徹底する 275
1 また利用したいと思われる体験価値の設計 275
2 ユーザーの利用ハードル・負担の軽減 276
3 メタバース利用の前後を含めたスムーズなプロセス設計 276

Point 4 アジャイル手法を用いたプロジェクト管理を行う 278

Point 5 社内の多くを巻き込み、意思統一を図る 280

あとがき 282
出典・引用・参照元一覧 285

第 1 部

導入編

メタバースの基本とビジネスチャンス

第1部の「導入編」では、第2部の「図鑑編」に入る前に、メタバースの基礎知識と活用が注目される背景をご紹介します。

本書は、メタバースをビジネスに活用することに焦点を当てているため、技術面の専門的な内容には踏み込まず、最低限押さえておきたい基本的な事柄に絞ってお伝えします。

メタバースの基本はある程度わかっているという方は、ざっと流し読みいただいたり、図鑑編や活用編を読み進めるなかで、ポイントに絞って読み返していく形で、お読みいただければと思います。

そもそもメタバースって？

https://hello.vrchat.com/

　メタバース。言葉は知っていても、その定義は？　となると、戸惑ってしまう方もいらっしゃるかもしれません。それというのも、かなり広範で抽象的な概念であるため、明確な定義が存在しないからです。が、まずは、もっともシンプルに、「はじめに」の冒頭にも記しましたように、**「3次元の仮想空間」**のことだと理解してください。

　その「仮想空間」で、利用者（ユーザーと呼びます）は、他のユーザーたちと交流したり、遊んだり、学んだり、仕事をしたりと、ありとあらゆる活動をバーチャルに行えます。これは、スマートフォンやパソコンからでもできますし、Apple Vision ProやMeta Questのような専用デバイスで、より臨場感をもって体験することもできます。
　いずれにしろ、現実の世界では不可能だった活動ができたり、現実の世界で行っていた活動をより手軽に行うことができたりするわけです。

たとえば、遠く離れた友人や同僚とまるで対面しているかのような感覚で会話したり、その世界に完全に入り込んだような没入感とともにゲームや映画鑑賞などを楽しんだり……。

メタバースと聞くと、「結局ゲームばかりで使われているんでしょ?」と思われる方がまだまだいらっしゃるかもしれませんが、本書でご紹介するように、近年の急速な進化・普及を受け、ゲーム以外のエンタメや教育、ビジネスの現場など、さまざまな用途での活用が進んでいるのです。

では、メタバースが社会にもたらす革新性とは、どこにあるのでしょうか？ その価値の本質とは？

実は、これについても意見はさまざま。まだ定まっていません。
人々の交流などの**社会性**が重要だという人もいれば、アイテムや土地の売買などの**経済性**が重要だという人もいます。
あえて共通項を探せば、**「リアルとバーチャルが融合した体験により新たな価値が生まれる」**ということこそが、メタバースの本質的な価値といえるのかもしれません。

これは、メタバースのビジネス活用を考える際に、常に持っておいていただきたい観点です。関連技術が進化し、人々の生活や働き方、ニーズが変わる中で、**いかにリアルとバーチャルを上手く融合させ、今までにない楽しさや便利さを持った体験をつくりあげていくか**に頭を使うことがもっとも重要です。
このため、本書では、さまざまな業界や職種の方々に、ビジネスを加速させるヒントにしていただけるよう、メタバースの定義を比較的広く設定し、えっ？ これもメタバースなの？ というものも含め、幅広くメタバースの活用事例をご紹介していきます。

メタバースの土台となるテクノロジー

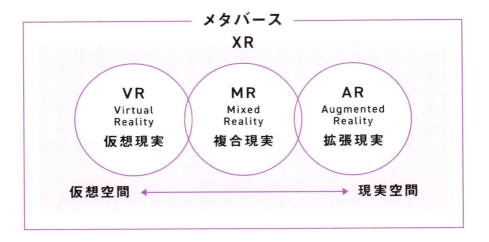

　メタバース空間は、後述するVR（仮想現実）、AR（拡張現実）、MR（複合現実）といったリアルとバーチャルを融合するさまざまな技術の上に成り立っています。

　同じメタバースでも、VRは文字通り完全に仮想の世界を創り出しますが、ARは、現実の世界の中に仮想の世界を入り込ませます。

　MRはその2つをミックスした技術です。ARをベースとし、リアルの世界をバーチャルのコンテンツにより拡張した「ポケモンGO」のようなものや、

VRをベースとし、ゲームの世界に、他ユーザーとの交流やアイテムの売買などリアルの世界の社会性・経済性が追加された「フォートナイト（Fortnite）」のようなものまで、ベースとする技術によってユーザーの体験は大きく異なります。

　下にそれぞれの特徴をまとめてみました。今はまだピンとこない方も、第２部でご紹介するいろいろな事例をご覧になるうちに実感としてイメージできるようになりますので、ご安心ください。

　今後、リサーチや企画を進めていただく際は、どの技術をベースとするメタバースなのかを切り分けて考えることが重要なため、おもな関連技術の概要をご紹介します。

		VR	MR	AR
ベースとなる世界		バーチャル	リアル	リアル
没入感		強い	弱い	弱い
アクセスするデバイス		VR用HMD・スマホ・PC	MR用HMD	スマホARグラス
操作方法		コントローラーデバイス本体	ハンドジェスチャー	デバイス本体
主な用途	toC	ゲーム・エンタメ	ー	ゲーム・エンタメ・ナビゲーション・EC
	toB	研修トレーニング	業務サポート	業務サポート

VR（仮想現実）の
ここがすごい

https://about.fb.com/ja/news/2021/08/horizon-workrooms

　VRとは、**Virtual Reality（仮想現実）**の略称で、コンピューターを介してバーチャルの空間に入り込んだユーザーに、まるでそれが現実であるかのように感じさせる技術です。

　VRを活用したサービスの例としては、若者に大人気のゲーム「フォートナイト（Fortnite）」があります。これは、バーチャル空間上にアバター姿で友達と集まり、生き残りゲームやコンテンツ制作、アイテム購入や着せ替えなどを楽しむことができるものです。

ビジネスユースの代表的なものとしては、バーチャルな会議室にアバター姿で同僚と集まり、ホワイトボードやパワーポイントなどを用いながら、まるで一緒の空間にいるかのような感覚でリモート会議を行うことのできる、Metaが提供する「ホライゾンワークルーム（Horizon Workrooms）」が挙げられます。

　これらのサービスのように、VRを活用することで、**現実世界では物理的な制約により再現が難しい、さまざまな空間やシチュエーションを再現し、そこに没入する体験が可能になります。**

　その特徴から、特にゲームなどのエンタメの分野はもちろん、近年では企業研修や教育、完成前の建物や製品のイメージ共有などの用途でも活用が急速に進んでいます。

　VRはスマートフォンやPCでも十分に利用が可能ですが、Meta QuestなどのVR専用デバイスを利用することで、ユーザーの前面に広がる高精細なディスプレイや、立体音響機能、手の動きによる直感的な操作などが可能になり、バーチャル空間に没入している感覚がより強まります。

AR（拡張現実）の
ここがすごい

https://japan.googleblog.com/2021/07/google-jr.html

　ARとは、**Augmeted Reality（拡張現実）**の略称で、スマートフォンやグラス型デバイスなどを通じて、リアルの世界にデジタルの情報を視覚的に重ね合わせ、情報を追加することで、ユーザーから見えるリアルの世界を拡張する技術です。

　ARを活用したサービスの例としては、街中の特定のポイントにスマートフォンをかざすとポケモンが現れ、それらを捕まえる、という大人気ゲーム「ポケモンGO」が有名で、社会現象にもなりました。
　そのほか、目的地までの道中でスマートフォンをかざすと、正しい経路を示す矢印が表示される機能を持つ、おそらく多くの方がご愛用の「Google Map」も、このARの技術を用いています。

これらのサービスのように、ARを活用することで、現実世界での暮らしが、より豊かにより便利になります。

　ARはスマートフォンでも十分に利用が可能ですが、こちらも、近年高性能化が進むXREALなどのグラス型デバイスを着用することでより臨場感をもって利用できます。さらに、これらのデバイスは、軽量化も進んでいますので、長時間の利用にも耐えられるようになるでしょう。

　こうした特徴から、各都市や施設などのリアルの世界と連動させたエンタメやナビゲーション、マーケティング、工場などの現場の作業サポートなど、幅広い分野での活用が進んでいます。詳しくは、第2章の図鑑編に多数登場しますので、お楽しみに！

MR（複合現実）で、こんなことも

https://www.microsoft.com/ja-jp/events/azurebase/blog/hololens-2-dynamics-365-mixed-reality-application/

　MRとは、**Mixed Reality（複合現実）**の略称で、ARをさらに発展させた技術です。リアルの世界にデジタルの情報を重ね合わせるだけでなく、それらをユーザーの手や目線などで直感的に操作できるようにします。
　また、VRやARとは異なり、**同じMR空間上での体験を複数人で同時に共有できる**というのも大きな特徴の1つです。

　たとえば、サントリーのウイスキー工場では、新入社員向けの研修にMRを活用しています。従来ベテラン作業員の付き添いや50種類以上のチェックリストなどを要していた研修が、ベテラン作業員のサポートなしでもできるようになりました。

新入社員は、MRヘッドセットを着用し、実際の工場に重ね合わせて表示される3Dの作業ガイドを頼りに学べるようになったのです。

　このように、MRを活用することで、AR以上に双方向性の高い体験、まるでSFの世界のような先進的な体験ができるのですが、その分、ユーザーの目線や手の立体的な動きを瞬時にトラッキングし、操作に反映する必要があるため、基本的には、Microsoft HoloLensやApple Vision Proなどの専用デバイスを利用することになります。

　その特徴から、個人ユースのゲームよりビジネスユース、特に、ARより高度なユーザーの動きを踏まえた作業サポートや実践型の研修、建物や製品の3Dモデルをリアルタイムで修正しながら行うリモート会議など、業務効率化の目的での活用が進んでいます。

デジタルツインとは

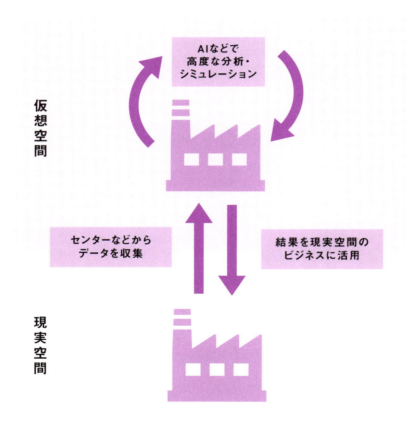

最近よく用いられるようになったのが、**デジタルツイン**です。これは、ひとことでいうと、**リアル空間から収集したデータをもとに、バーチャル空間上に全く同じ環境をまるで双子のように再現する技術**です。

　建物や設備に搭載されたセンサーやIoTデバイスなどから集約したさまざまなデータをもとに、リアル空間に存在する都市全体や建物、設備をバーチャル空間上に再現し、AIなどを活用しながらさまざまな分析をすることで、より高度なシミュレーションを行うことができます。

　デジタルツインはおもに業務用の活用が進んでおり、特にゼネコンにおいては、都市や建物、製品などの計画・設計から、製造・運用・アフターフォローといった各プロセスのシミュレーション・分析まで積極的に活用されています。

　そのほか、企業の活用例としては、たとえば、トヨタの「ウーブン・シティ」があります。これは、トヨタが静岡県裾野市の広大な工場跡地に建設中の未来のサービス・ライフスタイルを実現するためのスマートシティで、都市の設計段階から、バーチャル空間上に、都市の完成イメージを再現し、車や人、モノの流れ、水道や電気などのエネルギーシステムをシミュレーションしています。まさに、デジタルツインです。

　これにより、暮らしやすく効率的な都市設計を検討し、現実の都市の設計・建設に役立てているわけです。
　また都市で実際に人々が暮らし始めてからも、得られた各種データを元に、都市の運用方法を最適化するといった取り組みも予定されています。

このように、VR・AR・MRが、リアルとバーチャルが融合した**「体験」をするための技術**であるのに対し、デジタルツインはリアルとバーチャルを融合させ、**高度な「分析」を行うための技術**を指しています。

　デジタルツインでシミュレーションし再現した高度なバーチャル空間を、VRやARを利用して体験する、といった事例も存在するなど、これらの技術は密接な関係にあることから、本書ではデジタルツインの活用についても取り上げています。

　なお、文中 **XR** という用語も使用しますが、これは、Extented Realityの略称で、これまで紹介したVR・AR・MR・デジタルツインなどの、仮想空間や、リアルとバーチャルを融合させる技術を総称する用語です。

第2部 図鑑編 メタバース活用事例100選

1 新規事業創出	1	バーチャルプラットフォーム展開
	2	バーチャル空間ベースの新サービス提供
	3	バーチャルアイテム販売
	4	リアル空間ベースの新サービス提供
2 既存事業強化	1	オフライン体験の強化
	2	製品の体験の強化
	3	オンラインサービスの体験の強化
3 マーケティング強化	1	ゲーミフィケーションの活用
	2	ファンコミュニティ活性化
	3	空間・世界観再現
	4	広告出稿
	5	営業
4 ECの強化	1	エンタメ型ショッピング
	2	バーチャルお試し
5 業務効率化	1	設計
	2	作業補助
	3	品質管理・保守
	4	設備運用
	5	リモートワークの円滑化
6 教育・研修	1	教育・トレーニング
	2	企業研修
7 社会課題解決	1	研究開発
	2	都市開発
	3	医療

1 新規事業創出

- バーチャルプラットフォーム展開
- バーチャル空間ベースの新サービス提供
- バーチャルアイテム販売
- リアル空間ベースの新サービス提供

消費者向けの新規事業創出は、さまざまなメタバース活用の目的の中でも、代表的なものの1つです。
メタバースのコアの価値である「リアルとバーチャルの融合」は、これまで難しかったようなユーザー体験の実現を可能にするため、新規事業創出との相性が非常によいのです。

活用方法としては、メタバース上のプラットフォームを展開したり、メタバース上でさまざまなサービスの提供やコンテンツの販売をしたり、現実世界の体験をデジタルで拡張するサービスを提供したりと、多岐にわたります。

たとえば、「街中のさまざまな場所に現れるポケモンを捕まえる」というコンセプトのスマートフォンアプリ「ポケモンGO」では、リアルとバーチャルが融合した体験の新しさ・面白さから、全世界で10億ダウンロードを記録し、日本でも社会現象になるほどの人気サービスとなりました。

活用する企業にとっては、リアルとバーチャルが掛け合わさった全く新しい体験を提供することで差別化を図りやすいことや、既存のサービスやキャラクターなどの強みを活かしながら新しい市場を開拓できること、デジタルコンテンツへの課金や広告枠の販売など収益性の高いビジネスが展開できることなど、さまざまなメリットが存在します。

コロナ禍をきっかけとした人々の生活のデジタルシフト、デジタルコンテンツ消費の加速や、現実世界のみでのサービスの差別化の余地が限られてきていることなどから、今後ますます市場が拡大していくものと考えられています。

ではさっそく、代表的な事例をご紹介していきましょう。

1-1

バーチャル
プラットフォーム展開

CASE 001　ARアプリ「ポケモンGO」が世界的な大ブームに
ナイアンティック

概要

　ARを活用したアプリといえば、少し前に大流行した「ポケモンGO」を思い浮かべる方も多いでしょう。アメリカのアプリ開発企業であるナイアンティックによって2016年7月にリリースされたARゲームアプリです。

　リリース後3週間も経たないうちに、世界中で5000万人以上のユーザーを獲得。日本でも同時期にリリースされ、一時期は社会現象にもなるほどの大ブームを巻き起こしました。現在もサービスは続き、定期的に期間限定のイベントが行われるなどしています。

　ポケモンGOのユーザーは、現実世界でポケモンの世界観を楽しむことができます。現実の街を歩き回り、ポケモンが出現するスポットに立ち寄ると、ARにより、目の前に3Dのポケモンの映像が表示されます。本物のポケモンと触れ合っているような斬新な体験が、多くのユーザーの心をひきつけています。

https://www.pokemongo.jp/play/#a-sec-01

ユーザーの体験価値

　ポケモンGOは、誰でもスマホから無料でダウンロードして遊ぶことができます。街を歩きながらポケモンを探すことができるため、通勤・通学や買い物など日々の何気ない活動に遊び要素を加えることができます。

　また、単にポケモンを見つけて捕まえるだけでなく、捕まえたポケモンを育てたり、ポケモンのタマゴを孵化させたり、他のトレーナーとポケモンを交換したりなどさまざまな楽しみ方が用意されています。

　ポケモンGOのようなARアプリは現実世界をベースにしているため、家族や友人と現実世界で交流しながら一緒に楽しむことができます。そのため、VRのように完全なオンライン空間に浸ることに抵抗がある人でも、気軽に始めることができるでしょう。

企業の投資価値

　ポケモンGOのようなARアプリ/サービスは、現実世界のコミュニケーションを重視したい人や完全なバーチャル空間に入り込むことに抵抗がある人も楽しむことができることから、より多くのユーザーを獲得できる可能性があります。だからこそ、総ダウンロード数が10億回を突破するほどの大成功を収めたのでしょう。

　また、ARアプリ/サービスは、オフラインのイベントやキャンペーンとも相性がよいです。たとえばポケモンGOの場合、全国のポケモンセンターで買い物をする際にレジでポケモンGOのゲーム画面を見せると、限定のシールがもらえる期間限定のキャンペーンなどを実施しました。このように、ユーザーにオフラインの店舗や施設に足を運んでもらうためのきっかけとして、ARアプリを活用することもできます。

CASE 002 5億人がプレイする大人気メタバースゲーム「フォートナイト(Fortnite)」

Epic Games

https://store.epicgames.com/ja/p/fortnite

概要

　フォートナイトとは、2017年にリリースされ、累計5億人以上がプレイする世界でもっとも人気のあるメタバースゲームの1つです。アメリカのゲーム会社Epic Gamesによって開発・提供されています。

　小さな島を舞台に100人のプレイヤーと戦って最後まで勝ち残ることを目指すバトルロイヤルをメインとしたゲームですが、それ以外にも、ユーザーが制作したゲームを楽しんだり、アーティストのライブを鑑賞したり、ユーザー同士でコミュニケーションを行ったりなど、さまざまな楽しみ方があります。アバターのスキンやバーチャルファッションなどの販売も行われており、一大経済圏を築き上げています。

　日本でも米津玄師や星野源などの有名アーティストがフォートナイト上でバーチャルライブを開催し、話題となりました。

ユーザーの体験価値

　フォートナイトは、誰でも無料でプレイすることができます。アバターの姿でさまざまなゲームを楽しむことができるだけでなく、自分でゲームを制作して収益を得ることもできます。

　また、最近ではゲームだけでなく、アリアナ・グランデや米津玄師などの大物アーティストによるバーチャルライブに参加したり、バレンシアガなどのブランドとコラボしたバーチャルファッションを購入するなど、さまざまに楽しめます。

　一方で、フォートナイト上でイベントを開催する企業にとっては、フォートナイトが抱える多くのユーザーに対して自社製品を宣伝することができる貴重な場となります。バレンシアガがアバターのスキンを大量に販売したり、アメリカの通信会社Verizonが自社の5G通信を紹介するなど、多くの企業がフォートナイト上でのマーケティングに成功しています。

企業の投資価値

　Epic Games社は、2017年にフォートナイトをリリースして以来、現在まで、総ユーザー数、5億人を獲得しています。無料でプレイできるようにすることで若い世代を中心に多くのユーザーを集めつつ、アバターのスキンやバーチャルアイテムを販売する企業から収益を得、売上げは、年間で数千億円規模に達しています。そこには、企業による膨大なバーチャル広告の売上も含まれます。2023年12月には、カシオ計算機がこのフォートナイト上に、G-SHOCKの広告を出稿して話題になりました。

　また、若い世代を中心に多くのユーザーを抱えるプラットフォームとしての価値が認められ、ソニーやテンセントなどの有名企業から出資を受けています。特に2024年2月には、ディズニーから15億ドルもの巨額の出資を受けて、メタバース上での新たなエンタメ体験の創造に向けてのプロジェクトが開始されました。

CASE 003

若者に大人気のアバターSNSプラットフォーム「ZEPETO」

NAVER Z

https://support.zepeto.me/hc/ja/articles/900005448466-%E3%82%B3%E3%83%9F%E3%83%A5%E3%83%8B%E3%83%86%E3%82%A3%E3%82%AC%E3%82%A4%E3%83%89%E3%83%A9%E3%82%A4%E3%83%B3

概要

　「ZEPETO」は、NAVER Zという韓国のインターネット企業が運営し、日本を含むアジア地域を中心に、全世界で4億人以上のユーザーが利用している世界最大規模のSNSメタバースの1つです。ユーザーはアバターの姿でZEPETOの仮想空間にアクセスし、他のアバターとの交流、おしゃれ、ゲーム、買い物などを楽しみます。

　ZEPETOの大きな特徴は、アバターのカスタマイズ機能のバリエーションが豊富なこと。ユーザーが、自分好みのアバターを簡単に作成できること、さらに、撮影したアバターの画像をInstagramなどの他のSNSに投稿し、友達同士で楽しめることです。このコンセプトが、10代から20代の若者に刺さり、ユーザーの大半をこの世代が占めています。

　現金にも換金できるZEMという独自の通貨を発行しており、ユーザー同士での取引を促進するなど、一大経済圏を築き上げています。

ユーザーの体験価値

　ユーザーは、スマホからZEPETOのアプリを無料でダウンロードして始めることができます。自分好みにカスタマイズしたアバターの姿で、他のユーザーと交流したり、写真を撮ってSNSでシェアしたり、ゲームやイベントを楽しんだりと、さまざまな活動が楽しめます。豊富なカスタマイズ機能は、唯一無二のアバターを作り上げることで、ユーザーが個性を発揮する場となっています。

　一方で、企業もZEPETOを活用することができます。独自のワールドを作成して自社の製品やサービスのPRを行ったり、バーチャルアイテムを販売したり、広告を出稿したりと、さまざまな方法でマーケティングを行うことができます。

　ZEPETOが抱える、10～20代の若年層ユーザーにPRを行う絶好の機会となるでしょう。

企業の投資価値

　ZEPETOを運営するNAVER Zは、若年層のユーザーを多数獲得することに成功し、ZEPETO上でのバーチャルアイテムの販売や、企業による広告出稿の受け入れなどにより大きな収益を上げています。

　このような巨大なプラットフォームは多くの企業をひきつけ、さまざまなコラボレーションやタイアップにより大手企業との関係も構築しています。最近では、グッチ、ラルフローレン、サムスンなど、多くの有名企業とコラボし、バーチャルアイテムの販売などのキャンペーンを行っています。

　このように、有名企業や人気アーティストとのコラボの機会が増えることで、その分、さらに新たなユーザーの獲得につながる、という好循環により、日々ユーザー数を伸ばしています。

海外ユーザーに人気のアバターライブ配信プラットフォーム「REALITY」

REALITY

https://reality.inc/

概要

「REALITY」は、自分好みのアバターの姿でライブ配信ができるメタバースプラットフォームです。REALITYという同名の日本企業により2018年から運営されています。

ユーザーは、スマートフォンから無料でアプリをダウンロードし、ライブ配信をしたり、他のユーザーの配信を楽しんだりできます。顔出しをせず、オリジナルのアバター姿で気軽にライブ配信できる点が大きな特徴で、日本だけでなく海外のユーザーにも人気のアプリとなっています。2023年11月には全世界ダウンロード数が1500万を突破しました。

2018年8月にリリースして以降、定期的に新機能の追加を重ねており、近年ではサンリオとのコラボイベントを開催したり、コードギアスなどの人気アニメをモチーフにしたワールドを開設するなどして、コミュニティの活性化を図っています。

ユーザーの体験価値

　ユーザーにとっては、無料でダウンロードしてカスタマイズしたアバターで、顔出しせずにライブ配信ができる点が何よりのメリットです。

　ライブ配信では、視聴者からギフトを受け取ったり、視聴数やコメント数が増えることでLIVEポイントを獲得したりすることができます。このポイントを換金することで収益化することも可能です。

　また、世界中のユーザーが制作した50000以上のAR/VRコンテンツやライブパフォーマンスを楽しむこともできます。アートやミュージックビデオの世界に入り込んだり、アニメの世界を現実の世界に重ね合わせるなど、AR/VRならではの体験が味わえます。

企業の投資価値

　REALITYは日本発のメタバースですが、日本より海外のユーザーでの人気が高く、2022年3月時点で、85％が海外ユーザーで占められており、60以上の国と地域で利用されています。

　その理由は何と言っても、日本ならではのアニメ調のアバターでしょう。海外人気の高まりを受けて、英語表示を作成したり、アメリカのタイムゾーンを設定可能にするなど、海外ユーザーでも使いやすい仕様に迅速に対応しています。

　また、REALITY Worldsというメタバースを、法人がイベントを開催できるプラットフォームとして提供しています。たとえば、2022年6月には旅行会社のHISがバーチャル支店を開設し、観光気分を味わえるフォトスポットを提供しました。このように、企業に対して活動の場を与えることで、広告費用等の収益獲得や関係構築を実現しています。

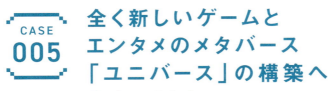

CASE 005 全く新しいゲームとエンタメのメタバース「ユニバース」の構築へ

ディズニー×Epic Games

https://thewaltdisneycompany.com/disney-and-epic-games-fortnite/

概要

　ディズニーは、2024年2月、メタバースゲーム「フォートナイト」を運営するEpic Gamesと提携し、ゲームとエンタメの全く新しいメタバースである「ユニバース」を創造することを発表しました。

　ユニバースには、マーベル、スター・ウォーズ、ピクサーなどを含むディズニーの人気キャラクターが多数登場します。さらに、ユニバースはフォートナイトと連動しており、ユーザーはフォートナイト上の自身のアバターをユニバースでも利用できるとのことです。

　ディズニーのボブ・アイガーCEOは、この提携をディズニーによるゲーム業界への過去最大の参入と位置付けています。

ユーザーの体験価値

　ユニバースでどのようなコンテンツが提供されるかは、本書執筆時点（2024年8月）では、まだ明らかになっていません。ディズニーの公式発表によれば、ユーザーはユニバースにおいて、単にゲームを楽しむだけでなく、ディズニーの映像を観たり、買い物をしたり、自分だけのオリジナルなストーリーやコンテンツを作ることもできることが示唆されています。

　このことからも、ユニバースは、単なるゲームにとどまらず、映像コンテンツの視聴、グッズの購入、ユーザーによるコンテンツ制作など、さまざまなアクティビティが可能になる総合プラットフォームとして提供されると考えられます。

企業の投資価値

　ディズニー社はこれまでもフォートナイトに自社のキャラクターを登場させるなど、複数回にわたりコラボを実施してきました。2020年には、フォートナイトとマーベルがコラボしたワールドを展開し、同時接続数1530万人以上に達するなど、大盛況となりました。この「ユニバース」についてディズニー社は、Epic Gamesに対し15億ドルもの巨額の投資を行うと発表しています。過去の成功例も踏まえて、メタバースの可能性を本気で確信し、参入を決意したと考えられます。

　このように、人気のIP（Intellectual Property：おもにキャラクターなどの知的財産を表す）を持つ企業と、多数のユーザーを持つメタバースのプラットフォーマーが提携し、独自のワールドを開設することで、Win-Winの関係が得られます。

　IP保有企業にとっては、自社のキャラクターコンテンツのファンを拡大することができ、メタバースプラットフォーマーにとっては、人気IPのファンを新たなユーザーとして取り込むことができるのです。

CASE 006 バーチャルファッション特化のマーケットプレイスを開設

アダストリア

https://prtimes.jp/main/html/rd/p/000002169.000001304.html

概要

　アダストリアは、2024年4月、メタバース上のバーチャルファッションに特化したマーケットプレイスである「StyMore（スタイモアー）」を開設しました。ファッション特化型のメタバースプラットフォームとしては、業界初となります。

　StyMoreという名前には、自分の好きな"スタイル"で"もっと"ファッションを楽しむという意味が込められています。その名の通り、ユーザーは、好きなバーチャルファッションを購入し、メタバース上のアバターに着せ替えてファッションを楽しむことができます。

　また、StyMore上では、企業や個人のクリエイターがアバター向けバーチャルファッションを販売することもでき、新たな収益獲得の場としても利用されています。

ユーザーの体験価値

　マーケットプレイスでバーチャルファッションを購入したユーザーは、購入したアイテムを自身のアバターに着せ替えて楽しめるほか、VR Chat等のメタバースプラットフォームにアップロードすることができます。これにより、メタバース上で気軽におしゃれを楽しむことができます。

　出店者の審査やクオリティチェックが行われるため、偽物を高値で買わされたり、お金を払ったのにアイテムが受け取れないなど、バーチャルアイテムの取引にありがちなトラブルに巻き込まれるリスクも最小化されています。

　また、StyMoreに出店したい企業やクリエイターは、申込みをし、アカウントを登録することで、比較的手軽に販売を開始することができます。一定の手数料はとられますが、2024年8月現在、プレオープンのためとして出店費用は無料、低コストでの販売が可能です。

企業の投資価値

　アダストリアは、StyMore上での1回の取引につき、個人クリエイターの場合は取引金額の7％〜、企業の場合は10％〜を手数料として徴収しています。アクセサリーやスニーカーであれば数百円、洋服であれば2,000〜3,000円で売られているものもあります。

　また、StyMoreには、サンリオのような人気IPを保有する大手企業も参入を表明しており、このような大手企業との関係構築による新たな協業の機会やビジネスチャンスの獲得も期待されています。

　プラットフォームの構築には一定の導入コストがかかりますが、手数料徴収を通じて将来にわたり安定した収益を確保できることに加え、多くの企業を呼び込み、新たなコラボレーションの機会を得ることができるなど、大きなメリットがあるでしょう。

1-2

バーチャル空間ベースの新サービス提供

CASE 007
有名アーティストを集めたライブをメタバース上で開催し230万人を動員

サンリオ

概要

　サンリオは、屋内型テーマパーク「サンリオピューロランド」をメタバース空間上に再現し、世界最大級のバーチャルフェスである「SANRIO Virtual Festival」を毎年開催しています。同フェスでは、音楽ライブやパレードなどさまざまなイベントがすべてメタバース空間上で開催され、今までにない斬新なライブ体験を楽しめる内容となっています。

　過去には、AKB48などの人気アイドルのほか、デジタル上でアバターとして活動するバーチャルアーティストも多数出演。2024年3月のFestivalでは、来場者に届けるパフォーマンスの内容がさらに進化。音楽ライブだけでなく、VRのテーマパークも開設してコンテンツをより豊富にするなど、リピーターを飽きさせない工夫もなされました。

https://v-fes.sanrio.co.jp/2024/floors#entrance

ユーザーの体験価値

ユーザーは、実際に会場に行かなくても、スマホやPCから気軽にイベントに参加できます。自宅にいながら、まるでリアルのライブ会場にいるかのような臨場感・没入感で、これまでにない非日常な体験を味わえます。

企業の投資価値

オフラインのイベントの場合、会場スペースなどの物理的制約やコストの関係で、提供できるコンテンツや出演できるアーティストの数には限界があります。これに対し、SANRIO Virtual Festivalのようなバーチャル空間上のイベントの場合、物理的な制約にとらわれず、数多くのアーティストを招いてバラエティに富むコンテンツを提供できます。これにより、ユーザーのあらゆるニーズに応えることが可能となります。

SANRIO Virtual Festivalのチケット価格は参加できるライブの内容や日数によって異なりますが、1枚当たり大体7,000円〜10,000円で販売されています。オフラインの音楽ライブと同じくらいの相場ですが、物理的コストがほとんどかからないことを踏まえると、収益性はかなり高いと思われます。

2024年3月に開催されたSANRIO Virtual Festivalでは、多種多様なアーティストによるパフォーマンスとバラエティに富むコンテンツが多くのユーザーをひきつけ、開催からわずか3週間で総来場者数が230万人を突破しました。

コロナウイルスの流行をきっかけに、生活全体のオンラインシフトが進んでいる中、このイベントには、既存のIPの強みを活かし、オンライン上でも新たな収益の柱を構築しようという意図があると考えられます。

CASE 008 日本最大級のVTuberライブイベントを開催
ドワンゴ

https://prtimes.jp/main/html/rd/p/000000048.000096446.html

概要

　YouTuberとは、YouTubeで発信する人たちのことですが、最近は、おもに「2Dまたは3Dのアバターを使って活動しているYouTuber」が増えています。これをVTuberといい、人気VTuberが集まるメタバース空間上でのフェスも開かれるようになってきています。

　VTuber Fes Japanは、ドワンゴが主催する日本最大級のVTuberによる音楽・トークライブフェスで、2019年の第1回開催に始まり、2023年4月30日までの間、合計4回開催されています。人気VTuberによるライブパフォーマンスやトークイベントなど、VTuberの魅力を存分に味わえるコンテンツが提供され、多くの来場者を楽しませています。

ユーザーの体験価値

VTuber Fes Japanは、幕張メッセを会場にしたオフライン形式での実施とオンライン形式での実施というハイブリッド形式で開催されています。そのため、参加者は、オフラインでもオンラインでも、自分の好きな方法でイベントに参加し、自分の推しのVTuberを応援することができます。

人気のVTuberが次から次へと現れてパフォーマンスを披露するステージは圧巻。バーチャル空間でのパフォーマンスだからこそできるライブ演出や、人間にはマネできないような高音ボイスといったVTuberならではの魅力を存分に楽しむことができます。また、単にライブを観るだけでなく、VTuberと1対1で会話できるイベントやカラオケ大会など、参加者も一体となって楽しめるイベントが目白押しとなっています。

企業の投資価値

VTuberは、もともとYouTube上で活動するバーチャルなキャラクターという意味合いで誕生した言葉ですが、今では、YouTubeのみならず、SNS、テレビ、ライブイベントなどさまざまな場面で活躍し、日本だけでなく世界中から人気を集めています。そのため、VTuberを応援するファンの規模は大きく、VTuber Fes JapanのようなVTuberが一堂に会する巨大イベントは、多くの来場者を招く絶好のチャンスとなります。

VTuber Fes Japanのチケット価格は、席の位置によって異なります。2023年開催のVTuber Fes Japanでは、最前席であるSS席は1枚当たり30,000円と高めに設定されたにもかかわらず、完売しました。設営などの物理的コストや会場警備のための人件費が抑えられるため、収益性はかなり高いと考えられます。

VTuber人気の高さを利用したライブイベントの開催は、多くのエンタメ企業にとって、大きな収益を上げる新たなビジネスチャンスとなるでしょう。

CASE 009 自分もヒーローになり マーベルの世界を体験
マーベル

https://apps.apple.com/us/app/what-if-an-immersive-story/id6479251303

概要

スパイダーマンやアベンジャーズなど人気のヒーローコンテンツを数多く生み出してきたマーベルは、Apple Vision Proでマーベルの世界を体験できるアプリ「What If…? An Immersive Story」をリリースしました。

ユーザーがApple Vision Proを装着してマーベルのアプリを起動すると、目の前の空間にマーベルのキャラクターが3D映像として表示され、自分の部屋にヒーローが存在しているかのようなリアリティあふれる感覚を体験することができます。

ユーザーの体験価値

このアプリの体験を支えているのは、Apple Vision Proがもつ2つの重要な機能です。

1つはアイトラッキング機能。ユーザーの視線をセンサーが探知することで、ユーザーがどこを見ていても、キャラクターと目が合うように設計されています。

もう1つはハンドトラッキング機能で、ユーザーが手を動かすと、センサーが反応し、ビームを発射したり、シールドを作り出したりします。他のキャラクターとしっかりと目が合い、自分の体の動きに連動してエフェクトが表示されることで、違和感が全くない、リアリティあふれる世界が味わえます。

さらに4Kのハイクオリティ画像と最高品質の音響が加わることで、現実と仮想世界の区別がつかなくなるほどの没入感を体験できます。

企業の投資価値

VRやARを用いて、映画の世界を体験できるサービスはこれまでも存在していました。しかし、Apple Vision Proのアイトラッキング／ハンドトラッキング技術や4Kのハイクオリティ画像により、今までとは比べものにならないほどの没入感あるエンタメ体験の提供が可能になりました。

今後技術が進化し、Apple Vision Proの価格がさらに下がれば、より広い層にもVision Proが届くようになると考えられます。そうなれば、ユーザーに圧倒的な感動を与えるコンテンツを提供する企業にとっては、既存のファンとのエンゲージメントを高めるだけでなく、新たなファンの獲得にもつなげていくことができるでしょう。

CASE 010 SFのようにリアルタイム自動通訳が可能なアプリ「Navi」

Good Snooze

https://impresskit.net/press-release/52ac5546-8552-4e19-b932-eb6889627979

概要

　アプリ開発会社のGood Snoozeは、あらゆる言語をリアルタイムで翻訳できるNaviというApple Vision Pro向けアプリを提供しています。ユーザーが、外国人と会話する際にこのアプリを起動すると、会話相手が話した内容がリアルタイムで自動翻訳され、字幕として表示されるという便利なアプリです。

　まるでSFのような機能をもつこのアプリがリリースされると、SNSやメディアでも多く取り上げられ、話題となりました。

　30言語以上に対応しており、ほとんどどこの国に行っても言葉の壁に悩まされることがなくなるでしょう。

ユーザーの体験価値

　ユーザーが会話相手の前でApple Vision Proを装着し、Naviを起動すると、会話相手の話した内容が直ちに翻訳され、目の前に字幕として表示されます。これにより、言語の通じない外国人ともスムーズに会話することができるようになり、外国企業との商談や旅行先での外国人との会話など、さまざまな場面で、会話をサポートする強力な味方となるでしょう。

　特に、言葉の壁の問題に直面しがちな日本人にとっては、Naviのようなアプリへの需要は格別に高いといえます。日本でApple Vision Proが発売されれば、Naviのようなリアルタイム翻訳アプリは多くのユーザーに利用されるでしょう。

　また、Naviのリアルタイム字幕表示機能は、耳が聞こえない人にとっても、まさに救世主といえるのではないでしょうか。言語の壁の克服だけでなく、障がいすらも克服する可能性を秘めているのです。

企業の投資価値

　話者の発言の正確な認識や会話内容の字幕への即時反映は、Apple Vision Proの高度な音声認識技術や通信能力によって実現されたものです。NaviはこれらVision Proの高性能な技術を上手く活用しているといえます。

　グローバル化やオンライン化が進展し、異なる国の企業や個人がコミュニケーションをとることがますます多くなっている現代において、言葉の壁というのは常に付きまとう課題です。Naviはこの課題を根本的に解決する革命的なツールとして多くのユーザーから必要とされるのではないでしょうか。

CASE 011 料理中もずっとレシピを見られるアプリ「Crouton」

Devin Device

https://apps.apple.com/jp/app/crouton-recipe-manager/id1461650987?platform=vision

概要

　Apple Vision Proの画面上にレシピを表示しながら料理ができる。そんな超便利なアプリが注目を集めています。それが、Crouton: Recipe Managerというアプリです。

　Webサイト上のレシピ情報を保存して、Vision Proに転送すると、Vision Proの画面上にそのレシピが表示されます。ユーザーは、Vision Proを装着し、レシピを見ながら料理をすることができるのです。

　コントローラーが不要で、両手を空けたまま操作が可能なVision Proだからこそ実現できた画期的なサービスとなっています。

ユーザーの体験価値

　ユーザーがApple Vision Proを装着し、Croutonを起動すると、画面上にレシピが表示されます。テキストによる説明文のほか、写真や動画を見ることもできるため、初めて作る料理でも作り方を簡単に理解することができます。

　今までは、作り方がわからなくなったらその度に料理の手を止めてレシピを確認しなければなりませんでした。これに対しVision Proは、コントローラー不要で、両手を空けたまま操作できるため、実際に料理をしながら逐一レシピを確認することが可能なのです。

　また、レシピだけでなくキッチンタイマーを表示したり、メニューを考えたりするなど、このアプリひとつで料理に必要な多くの作業を効率化することができます。

企業の投資価値

　Croutonは、コントローラー不要で両手をフリーにしたまま操作できるというApple Vision Proの特徴を上手く活用したアプリといえます。料理などの両手を使う作業のサポートは、Vision Proでしか提供できない価値であり、大きなビジネスチャンスとなるでしょう。

　今後、Vision Proが低価格化し、一般の消費者の手にも広く行きわたるようになれば、料理という日常の活動をサポートするCroutonのようなアプリは、ますます多くのユーザーに利用されるようになると考えられます。

1-3

バーチャルアイテム販売

CASE 012 フォートナイトとコラボし、リアルとバーチャル両方で洋服を販売

バレンシアガ

https://www.fortnite.com/news/high-digital-fashion-drops-into-fortnite-with-balenciaga

概要

　スペイン発のファッションブランドであるバレンシアガは、2021年9月、人気メタバースゲーム「フォートナイト」とのコラボレーションを発表し、期間限定でフォートナイト上に仮想店舗を開設しました。バレンシアガが過去に販売した製品を3Dモデル化したバーチャルスキンやウェアの販売を行い、若者を中心に大きな注目を集めました。

　さらに、現実世界の店舗やECサイトでも、フォートナイトとコラボした限定のアパレル商品を販売。リアルとメタバースの両方で自社の製品を販売し、収益をあげることに成功しました。

ユーザーの体験価値

　フォートナイトのユーザーは、ゲーム内でバレンシアガのバーチャルアイテムを購入し、自身のアバターに着せたり、コレクションに加えたりすることで、高級ブランドのショッピングを楽しむことができました。

　現実世界ではバレンシアガの製品を購入する機会がなかなかないユーザーでも、バーチャルアイテムであれば比較的手軽に購入できます。高級ブランドを購入するという特別な体験を味わうことができるのです。

　また、フォートナイトをきっかけにバレンシアガに興味を持ったユーザーは、ECサイトに移行して本物の洋服を購入することもできました。

企業の投資価値

　フォートナイトは、若者を中心に人気のメタバースゲームであり、総ユーザー数が5億人に達するほどの巨大プラットフォームとなっています。バレンシアガ社は、このような一大市場をターゲットにバーチャルファッションアイテムを販売することで、若者を中心とする新規顧客を開拓し、売上を拡大することが期待できます。

　各アパレル商品には、バレンシアガとフォートナイトの大きなロゴがあしらわれており、異なる業種間での協業によって、互いに認知度・ターゲットの拡大を目指していく姿勢がうかがえます。

　また、バーチャルアイテムと同時に、リアルの洋服も販売するというハイブリッド形式をとっているのも注目すべきポイントです。フォートナイトを通じて新規獲得したユーザーに対して、リアルの洋服にも興味を持ってもらうことで、バーチャルとリアルの両方で売上を拡大する狙いがあったと考えられます。

CASE 013 スニーカーのNFTが7分で3億円売れたバーチャルファッションブランド
RTFKT

https://rtfkt.com/

概要

　NFTとは、Non-Fungible Token（非代替トークン）の略で、デジタル上のアイテムに唯一無二の固有の価値を認める技術のことです。NFTの中でも、バーチャルな洋服やスニーカーは、若者を中心に流行しており、百万円単位で取引されるものもあります。なかでもその成功事例といえば、RTFKT（アーティファクト）が真っ先に挙げられるでしょう。2020年に、バーチャルファッションとNFTを融合したプロダクトを展開するブランドとして設立され、バーチャルファッションNFT販売で大きな収益を上げることに成功しました。

　2021年3月に、18歳の若手アーティストとコラボレーションしたバーチャルスニーカーを販売した際には、たった7分で約3億円以上を売り上げ、同年12月には社がNIKEに買収されるなど大きな注目を集めました。

ユーザーの体験価値

　RTFKTのスニーカーやTシャツなどのバーチャルアイテムNFTを購入したユーザーは、メタバース上で自身のアバターに着せて楽しむだけでなく、SNSアプリ"Snapchat"のAR機能を利用してバーチャルスニーカーを「履き」、その様子を画像や動画でシェアすることもできます。

　このようなアイテムは、熱狂的なスニーカーファンやバーチャルファッションアイテムファンから大きな支持を集めており、保有者のアイデンティティやステータスの象徴となっています。

企業の投資価値

　数多くのNFTが出回っている中で、RTFKTが他ブランドとの差別化に成功している要因は、最先端なデザインかつラグジュアリーなアイテムを販売していることにあると考えられます。手ごろな値段で唯一無二のラグジュアリーアイテムを販売し、SNSでのシェアも可能にすることで、リアルの高級ブランドに手が届かないユーザーの自尊心や自己肯定感を高めます。

　RTFKTは、今もバーチャルスニーカーなどのNFTを販売しており、2024年には、「Project Anims」と呼ばれるキャラクターNFTを新たに公開するプロジェクトを始動しました。

　RTFKTを買収したNIKEは、RTFKTのアイテムを中心に、バーチャルファッションアイテムで約260億円以上の売上をたたき出すことに成功しています。NFTの中でも、洋服やスニーカーなどのファッションアイテムは、アバターに着せて楽しむことができるため、メタバースユーザーからの需要は大きく、バーチャルファッションの販売は、リアルの製品では差別化が困難となっているファッション業界における新たな収益基盤となるでしょう。

CASE 014 有名キャラクターのデジタルフィギュアが目の前で動き回る
集英社・テレビ東京・ブラッククローバー製作委員会

https://prtimes.jp/main/html/rd/p/000000136.000074603.html

概要

　人気アニメ「ブラッククローバー」の製作委員会は、2023年10月、Meta Questシリーズと、Apple Vision Proに対応したデジタルフィギュアの販売を開始しました。

　Apple Vision Proを装着すると、ブラッククローバーのキャラクターが目の前に現れ、生きているかのような姿を楽しむことができます。

　Apple Vision Proが日本で発売されるのに合わせて提供されるということで、多くのアニメファンがリリースを心待ちにしています。

ユーザーの体験価値

　デジタルフィギュアを購入したユーザーがVRヘッドセットを装着すると、自分の目の前に本物のアニメキャラクターが存在しているかのようなリアルな映像体験を味わうことができます。目の前でアニメキャラが動き出したり、自分に向かって話しかけてくるなど、本物の人間と相対するのと変わらない距離感でアニメキャラと接することができるのです。自分の体や目線の動きに反応するため、本当に生きているかのように感じられます。

　本書執筆時点（2024年8月）ではまだ日本では発売されていないのですが、Apple Vision Proの4Kのハイクオリティ映像や空間オーディオを伴う圧倒的な没入感が加われば、アニメの世界に入り込んだと錯覚するようなインタラクティブな体験も可能になります。多くのファンを歓喜させるコンテンツになるでしょう。

企業の投資価値

　Apple Vision Proをビジネス活用するには、何を提供するかが重要なポイントとなりますが、ブラッククローバーのような人気IP（Intellectual Property＝知的財産）を保有する企業にとっては、そのIPを新たな角度から訴求する機会となります。

　デジタルフィギュアの場合、1体につきおよそ2,000円〜4,000円程度で販売されています。物理的コストがかからないため、低コストで大量に販売することで大きな収益を上げることができます。

　この点で、アニメや漫画などのコンテンツ大国である日本は有利です。各企業が世界に向けて、自社のIPを活かしたApple Vision Pro向けコンテンツの開発・提供に乗り出すものと考えられます。

　このように、ユーザーを感動させるエンタメコンテンツが、Apple Vision Proの主流の用途として定着すると考えられます。エンタメ業界の産業構造を大きく変えることになるかもしれません。

CASE 015 メタバース上に設置できる リアルな家具を販売開始
オカムラ

「オカムラデジタルコレクション」3種

https://www.okamura.co.jp/corporate/news/product/2023/digital_collection.html

概要

オフィス家具の製造・販売などを手掛けるオカムラは、2023年10月、メタバース空間に最適化したデジタル家具「オカムラデジタルコレクション」を、「BOOTH」というマーケットサイト上で販売開始しました。

オカムラが販売するリアルの家具製品のうち、3種類の椅子を3Dデータとして販売。購入者は、取得したデータをもとに、メタバースプラットフォーム上のワールドやバーチャルオフィスなどのバーチャル空間に椅子を設置することができます。

BOOTHは、誰でも簡単に自分の作品の販売や購入ができるマーケットプレイスです。イラスト・音楽・ゲーム・写真などのリアルの作品に加えて、メタバース空間で利用できるアバターや3Dモデルなども取引されており、メタバース業界で重要なサービスの1つとなっています。

ユーザーの体験価値

　フォートナイトやVRChatなどのメタバースプラットフォームのユーザーは、ワールドと呼ばれるオリジナルな空間を制作することができます。制作したワールドには、家具やインテリア製品などのバーチャルオブジェクトを自由に配置できます。しかし、自分の思い通りのオブジェクトを制作するためには、プログラミングやエンジニアリングなどのスキルが必要であり、初心者にとってはハードルが高いのが難点です。

　オカムラデジタルコレクションは、この問題を解決します。オカムラデジタルコレクションを購入したユーザーは、メタバース空間に最適化した3Dデータをもとに簡単に自身のワールド上にオブジェクトを設置することができるのです。設置したオブジェクトは、自身のワールドのデザインに合わせて自由にカスタマイズすることもできます。

企業の投資価値

　オカムラは、リアルの家具製品に加えて、メタバース空間に設置できるバーチャル家具のデータを販売するという斬新なアイデアにより、独自のポジションを築き上げることに成功しました。

　オカムラが販売する椅子の3Dデータは、1個当たり約800円〜2,000円程度で販売されています。3Dデータは、複製にコストがかからず、注文があればその都度提供できるため、在庫余剰や欠品のリスクもありません。そのため、物理的な製品と比べて収益性はかなり高いといえます。

　2024年5月には、満を持して「Roomie Tale」という3Dデータ販売用の独自ECサイトをオープンしました。ここでは、単に自社のデジタル家具を販売するだけでなく、他の企業からの3Dデータの出品を募っています。3Dデータ専用のECサイトという新たなジャンルのEC事業を開拓しようという意気込みがうかがえます。

1-4 リアル空間ベースの新サービス提供

CASE 016
ARを使った
バーチャルドッジボールを
全世界350万人以上が体験
「HADO」

https://hado-official.com/news/5144/

概要

「HADO」は、現実世界を舞台に、3D映像として表示される赤色と青色の魔法のような玉「エナジーボール」を撃ち合って3対3のチームで対戦するARスポーツ。プレイヤーは、ARゴーグルを被り、両手にセンサーを装着して、エナジーボールを相手に向かって投げたり、シールドを作って防御したりして、対戦を楽しみます。

初心者でもレジャー感覚ですぐに楽しめる一方、実は世界大会も開催されている本格的なスポーツ。日本を含む39か国以上で、350万人以上の人がプレイするなど、近年ますます人気が高まっています。

ユーザーの体験価値

　HADOが、ここまでの人気を集めているカギの1つは、3Dのエフェクトを利用したARならではの体験が盛り込まれていること。もう1つは、ルールを極めてシンプルに設定し、必要な道具も最小限にして、誰でも簡単に始められるようにしたことでしょう。

　HADO専用のARゴーグルを被ると、プレイヤーの目の前に、エナジーボールという球状のエフェクトやシールドという壁のようなエフェクトが映し出されます。自分をシールドで守りつつ、相手にエナジーボールをぶつけるというシンプルなルールのため、初心者でもすぐに慣れて、楽しめます。

企業の投資価値

　HADOを運営しているmeleapという日本企業は、東京、大阪、沖縄、北海道など全国各地に店舗を構え、有料でHADOをプレイできる設備を提供しています。料金は、プレイできる時間や人数によって異なりますが、一人当たりおよそ1,500〜3,000円程度に設定されています。また、アメリカ、イギリス、中国、韓国など海外にも展開しています。

　meleapは、HADOからおもに2つの方法で収益を得ているものと思われます。1つは、世界中に店舗を展開し、一般人向けに有料でHADOをプレイできる施設を提供すること。もう1つは、世界大会を開催し、出場者から参加費を確保することです。

　このように、広く一般人と、本格的にプレイする一部のコア層の両方をターゲットとすることで、HADOという1つのコンテンツから多角的な収益基盤を構築することに成功しています。

CASE 017 空のF1「AIR RACE X」の迫力あるVR映像体験を提供

パルコ

https://tametech.net/2023/09/12/id=190/

概要

　J. フロントリテイリングとパルコは、世界最高峰のパイロットが競い合う飛行機レース「AIR RACE X - SHIBUYA DIGITAL ROUND」をVR技術によって映像化。2023年10月に、渋谷のスクランブルスクエアと渋谷PARCOで、パブリックビューイングとして放映し、話題になりました。

　AIR RACE Xは、空のF1レースのことで、AIR RACE X - SHIBUYA DIGITAL ROUNDはその決勝トーナメントです。パイロットは、世界各地の拠点に設置された、渋谷のコース設計と同一のレーストラックを実際にフライトし、機体に搭載されたセンサーが計測するタイムを競います。

　J. フロントリテイリングとパルコは、そこで取得したフライトデータとVR技術をもとに、パイロットの飛行の様子を映像化しました。

ユーザーの体験価値

　実際には飛行が不可能な渋谷の空を、プロのパイロットたちが飛び交い、激しく競い合う様子は迫力満点。観戦者は、スマホ、PC、VRヘッドセットから映像を観ることができ、まるで、自分も実際に空を飛んでいるかのような没入感と迫力のある映像を堪能しました。

　レースは、有料・無料の合計3カ所の会場で放映され、NFT（本書60ページ参照）や記念Tシャツをプレゼントするなどの取り組みも行われました。

企業の投資価値

　J. フロントリテイリングとパルコは、若者を中心に多くの人が集まる渋谷において、VRという最新技術を用いたAIR RACE Xの迫力ある映像を放映することで、多くの人の関心を集めることに成功しました。

　AIR RACE Xの迫力あるレースは、VRによる没入感のある映像と非常にマッチしており、まさに、VRならではの特性を上手く活用した取り組みといえます。

　このイベントでは、渋谷スクランブルスクエアの有料会場に加えて、自社が運営する渋谷PARCOに無料の会場も設けました。有料の会場でチケットを販売し、AIR RACE Xのコアなファンから確実に収益を確保しつつ、無料の会場も設けて多くの人を集め、渋谷PARCOへの来場者を増やす狙いがあったと考えられます。

　レースファンから一般人まで広く楽しめるイベントにより多くの来場者を集め、チケット販売という直接的な収益と周辺店舗の経済効果の両方のメリットを得ることに成功した好例といえます。

　世界初の都市型VRスポーツとして注目を集め、2024年10月に再び渋谷で開催される予定です。

2 既存事業強化

- オフライン体験の強化
- 製品の体験の強化
- オンラインサービスの体験の強化

既存の製品やサービスの付加価値向上に向けた打ち手としても、メタバースの活用は有効な選択肢となります。
以前から存在する製品・サービスに対し、バーチャルや3Dの機能・体験を追加したり掛け合わせたりすることで、これまで実現が難しかったようなユニークなユーザー体験を可能にするため、既存事業の体験価値を大きく高めることができます。

ARの活用により、特定の施設やエリアでの体験をよりリッチなものにしたり、自動車や家電などの製品の機能をより便利にしたり、オンラインコンテンツの3D体験によってユーザーの没入感を高めたりと、さまざまな活用事例が存在します。
たとえば、USJのライド型のアトラクション「マリオカート〜クッパの挑戦状〜」では、ARゴーグルを装着した搭乗者が、ボタン操作で目の前の敵に向けアイテムを発射すると、その様子がリアルタイムで反映される仕掛けとなっています。
この仕掛けがマリオカートの世界に入り込んでいるかのような感覚をいっそう強める、というわけで、人気のアトラクションとなっています。

活用する企業にとっては、リアルとバーチャルの組み合わせや3Dによって、既存の製品やサービスに新たな体験が加わり、競合との差別化が図りやすいこと、それが、設備や製品の性能・機能強化などに比べて低コストでできることなど、さまざまなメリットが存在します。
従来型の製品開発やサービス設計だけによる顧客体験の進化に限界が出始めている幅広い業界の企業にとって、注目すべき活用方法といえるでしょう。

2-1

オフライン体験の強化

CASE 018
リアルとバーチャルがリンクした独特のパフォーマンスを披露
aespa

概要

　近年、「aespa」(エスパ)というK-POPアイドルが、メタバース上でも活動している前代未聞のアイドルとして話題になっています。韓国の芸能プロダクションであるSMエンタテインメントがプロデュースした4人組の多国籍女性アイドルグループです。

　メンバーは、メタバース上にもう一人の自分であるアバター「ae-aespa(アイ-エスパ)」をもっており、リアルでのパフォーマンスに加えて、メタバース上でのパフォーマンスも提供します。

　各メンバーは、ae-aespaとリンクして、現実でのパフォーマンスとアバターによるパフォーマンスがリンクした独特のライブパフォーマンスを披露し、人気を集めています。

　aespaは、現実世界をベースに活動しつつも、メタバース上でもパフォーマンスを披露するという斬新な取り組みにより、話題性を生み、認知度を高めることに成功しています。日本でも、東京・大阪・福岡、続いて2024年7月には名古屋でメタバースコンサートを開催しました。

ユーザーの体験価値

　aespaのファンは、リアルの世界とバーチャルの世界がリンクしたパフォーマンスという今までにない斬新なライブ体験を味わうことができます。ライブの観客は、VRゴーグルを装着し、自分のためだけに披露されているかのような臨場感あふれるパフォーマンスを目にすることができるのです。

　リアルのライブが好きな人、バーチャルのライブが好きな人、いずれのニーズにも応えることができる点がaespaの大きな魅力であり、多くのファンに新たな楽しみ方を提供しています。

　また、ファンにとっては、リアルとバーチャルの両方においてaespaとの接点が生まれ、メンバーとの交流の機会が増えることも大きなメリットといえるでしょう。

企業の投資価値

　世界中からアイドルやアーティストが数多くデビューし、国境をまたいで活動するなか、ファンをひきつける独自の魅力やブランドをどのようにして作り上げていくかが重要な課題となっています。

　VTuberのようなバーチャルのみのアイドルとも一線を画した独自のポジションを確立しているaespaは、唯一無二のアイドルとして、今後もますます多くのファンを集めるでしょう。

CASE 019 ARで進化する野球観戦体験「バーチャルPayPayドーム」

ソフトバンク

https://www.softbank.jp/sbnews/entry/20220606_02

概要

　ソフトバンクグループは、2022年5月、福岡ソフトバンクホークスの本拠地・福岡PayPayドームで、ARを活用した新しい観戦方法を楽しめる期間限定のサービスを提供しました。

　スマートフォンを通して、現実の試合とARのデジタルコンテンツを融合させ、新たな観戦スタイルを提供したのです。

　また、球場の外には、ARスポットが設置され、来場者がスマートフォンからQRコードをかざすと、目の前にソフトバンクホークスの公式VTuber「有鷹ひな（ありたか　ひな）」や藤本監督の3Dモニュメントが表示されるという斬新な仕掛けで来場者を楽しませました。

　福岡PayPayドームは、2023年12月にもVRでバンジージャンプ体験ができるイベントを開催するなど、定期的にVRやARを活用したイベントを開催しています。

ユーザーの体験価値

　限定の期間中、PayPayドームを訪れた観戦者がスマートフォンをフィールドにかざすと、各選手のプロフィールや打率などの成績の情報を記載したパネルが表示されました。また、選手がボールを投げたタイミングでスマートフォンをかざすと、投球スピードや軌道などをリアルタイムで確認することができました。

　これにより、観戦者は、ただ試合を観る場合と比べて、野球をより深く楽しむことができました。実際に球場で観戦することでしか得られない臨場感を感じながらも、TV中継でしか放映されないような詳細な情報もインプットできるため、コアなファンから野球に詳しくない人まで、誰もが試合を楽しめるようになりました。

企業の投資価値

　テレビだけでなく、スマートフォンからも手軽に野球の試合を簡単に観ることができるようになった今、実際に野球場に足を運んでもらうためには、そこでしか味わえない特別な体験を提供することが重要となってきます。

　ARのような現実世界をベースにした技術を用いることで、このような特別な体験を提供することが可能となりました。フィールドに登場した選手の情報をリアルタイムに表示したり、VTuberや監督・選手の3D映像を映し出すなどの仕掛けはARでしか実現できません。これにより、球場を訪れるファンの数を増やし、収益の拡大やエンゲージメントの向上を目指していると思われます。

　このように、ARとスポーツ観戦の相性は非常によいので、ARを活用した新たな観戦体験は、野球に限らず、サッカーやバスケットボールなどあらゆるスポーツにも展開されていくことでしょう。

CASE 020 アトラクションにARを活用し
マリオカートの世界を忠実に再現
USJ

https://www.usj.co.jp/web/ja/jp/attractions/mario-kart-koopas-challenge

概要

　大阪の人気テーマパーク「ユニバーサル・スタジオ・ジャパン（USJ）」は、2021年に新たに開設したエリア「スーパー・ニンテンドー・ワールド」において、ARライドアトラクション「マリオカート ～クッパの挑戦状～」をローンチしました。

　ARやプロジェクションマッピング（プロジェクターを用いて立体物に映像を映し出す技術）などの最先端技術を用いて、現実世界にマリオカートの世界を再現。来場者は、マリオカートに乗り込み、ハンドルを握ってレースを繰り広げます。リアルのマリオカートとして、本書執筆時点（2024年8月）もUSJの人気アトラクションの1つとして、多くの来場者を楽しませています。

ユーザーの体験価値

　来場者は、ARゴーグルを装着してマリオカートに乗車。本物のマリオカートのレーサーのように、ハンドルを握り、レースバトルを楽しみます。ドリフトやスピンをしたり、アイテムをゲットして敵を撃退するなど、ゲームの世界と同じような本格的な体験を味わうことができます。

　レース中には、ARやプロジェクションマッピングにより、目の前に3Dの矢印やアイテムが表示されます。まるで本当にゲームの世界に入り込んだかのような非日常的なレース体験を堪能することができます。

　乗車するたびに勝敗が変わるというユーザー参加型のアトラクションであり、何度乗っても楽しめる点も大きな魅力となっています。

企業の投資価値

　マリオカートという世界的に大人気のゲームをアトラクションとして再現するだけでも、世界中から多くのファンの注目を集め、来場者を増やすことができるでしょう。

　しかし、USJはそこで終わりませんでした。ARやプロジェクションマッピングという最先端技術を取り入れることで、来場者が本物のマリオカートの世界でプレイしているかのような圧倒的なリアリティと没入感を実現しました。結果として、多くの来場者を歓喜させ、リピーターの獲得にもつながっています。

　この事例からもわかるように、ARやVRは、アトラクションとの相性が非常によいといえます。物理的な設備と異なり、ARやVRの映像は、比較的簡単に変更することができます。そのため、毎回異なる映像やエフェクトを表示して、来場者を飽きさせないような工夫を施すことが可能なのです。これにより、新規来場者だけでなく、リピーターを増やすことにもつながります。

CASE 021 大阪駅で参加型のAR体験イベントを開催
JR西日本

https://styly.cc/ja/event/ar-stamp-rally-conducted-with-jrwest/

概要

　JR西日本グループは、2023年10月、JR大阪駅の複数のエリアで、ARを活用したお絵描きアート体験やARスタンプラリーなどのイベントを開催しました。

　イベントの参加者は、専用のスマホアプリをインストールし、大阪駅の広場に設置されたイベントブースでのARお絵描き体験や大阪駅構内をめぐるARスタンプラリーなど、リアルとバーチャルが融合した全く新しい体験を楽しみました。

　参加者が描いた絵がバーチャル上の列車の前面や側面に映し出され、世界に1つだけのオリジナルな列車を創り出すことができるという体験型コンテンツも用意され、多くの参加者を満足させる内容となりました。

ユーザーの体験価値

　参加者は、専用のスマホアプリをインストールすることで、手軽にイベントに参加することができました。

　特設されたブースで絵を描いてバーチャル上の電車に映し出したり、実物大のバーチャル列車と記念撮影をしたり、ARマーカーをスマホで読み取ってスタンプラリーを行ったりと、ARならではのインタラクティブな体験を楽しみました。

　VRと異なり、ARはあくまで現実の世界をベースとした技術であるため、家族や友人と対面でコミュニケーションをとりながら楽しむことができる点もARイベントの大きな魅力の1つといえます。

企業の投資価値

　大阪駅では、2024年5月にも、大阪駅開業150周年記念イベントで、AR大阪鉄道博物館という体験型イベントが開催され、1か月で4000人以上が参加しました。

　ARイベントは、VRイベントと異なり、参加者が自宅からパソコンやVRヘッドセット等で参加することはできず、実際に現地に赴く必要があります。

　このため、ARイベントによって多くの参加者を大阪駅に集め、大阪駅周辺の観光スポットを含めた大阪駅の魅力を再発見してもらうきっかけとする狙いがあったと考えられます。

　電車という移動手段を提供するだけでなく、イベントを通じてお客さまとの接点を増やすことで、電車の利用者を増やすとともに、周辺のショップや飲食店で買い物をしてもらうことによる経済効果も期待できるのです。

CASE 022

メタバースとプロジェクションマッピングが連動した参加型の観光体験

京都市

https://prtimes.jp/main/html/rd/p/000000830.000008210.html

概要

　京都市は、2022年10月から12月にかけて、生け花という伝統文化とメタバースを融合した「NAKED FLOWERS 2022 秋 世界遺産・二条城」という新たな観光イベントを開催しました。

　現実世界では、世界遺産にも登録されている二条城にプロジェクションマッピングを投影する体験型のイベントを開催。一方で、メタバース上にも二条城を再現することで、同時に多数の人が楽しめるような仕掛けを工夫しました。

　参加者がメタバース上で自分だけの花を生けると、それが現実世界の二条城にプロジェクションマッピングとして反映されるという参加型のイベントとしたのです。

ユーザーの体験価値

　参加者は、自身のスマートフォンからメタバース空間にアクセスします。自分だけの花を生けると、現実の二条城のプロジェクションマッピングにその花が投影され、唯一無二のバーチャルアート作品を作り上げることができるという特別な体験を味わうことができました。

　重要文化財・唐門や内堀の石垣へのプロジェクションマッピングショーを観たり、代々木公園の人気カフェを再現した飲食屋台でスイーツやホットドリンクを堪能するなど、さまざまな形で二条城を満喫できるイベントとなりました。

自治体の投資価値

　京都市は、コロナウイルスの流行により減少した観光客を取り戻すため、メタバースを活用した新たな方法で京都の魅力を伝えるという目的のもとで、この取り組みを実施しました。

　特に、参加者自身がメタバース上の生け花を通して唯一無二のデジタルアート作品を作り上げていくという体験型のイベントは、ただ見るだけの観光にとどまらない、インタラクティブな体験として、多くの観光客を集めることに成功しました。

　また、このイベントの大盛況を受けて、京都市は、2023年にも、リアルとバーチャルがクロスしたプロジェクトマッピングのイベントを開催しています。

　メタバースもプロジェクションマッピングも、大がかりな施設を設けることなく、比較的低コストで取り入れることが可能です。そのため、予算の限られている自治体にとっても、少ないコストで観光施設の魅力を一気に高められる有効な手段となるでしょう。

2-2

製品の体験の強化

CASE 023　ARで自動車を操作できるコンセプトカーを発表
アウディ

概要

　自動車にAR技術を組み合わせれば、フロントガラスに道案内の矢印を表示したり、直接ボタンを押さずに冷暖房の操作を行うなど、ドライブ体験をより便利で快適なものにすることができます。ドイツの自動車メーカーであるアウディは、いち早くこのアイデアを形にしました。それが、2023年1月に発表したAR技術を活用した画期的なコンセプトカーである「Audi activesphere」です。Audi activesphereは、AR技術を活かしたさまざまな便利機能やドライブ体験を非日常なものに様変わりさせるエンタメコンテンツを提供するとしています。

　たとえば、Audi activesphereではボタンやスクリーンを使わず、Magic Leap 2というARヘッドセットを装着しながら運転するのですが、ドライバーと乗客がそれぞれARヘッドセットを装着し、AR技術で表示される3Dコンテンツを楽しんだり、冷暖房の操作やナビゲーションの起動などあらゆる操作を行うことができます。

　まだコンセプトカー段階で、実際に販売はされていませんが、すでに多くのメディアで取り上げられています。今後、他の自動車メーカーにも広がっていくでしょう。

ユーザーの体験価値

ARヘッドセットのディスプレイには、走行速度や道案内の矢印など、ドライバーに必要な情報が常に表示されます。

ユーザーが車内の冷暖房のファンを見ると、ARヘッドセットがその視線をすぐさま察知。温度を操作するためのボタンがハンドルのすぐ上に現れて、簡単にオン/オフの切り替えができます。

https://www.audi-press.jp/press-releases/2023/koer3000000019el.html

さらに、3Dの地形グラフィックスを表示して渋滞状況が一目でわかる機能など、ARの特徴を活かした便利な機能も搭載されています。

単に便利なだけではありません。360度の景色を楽しめるパノラマ映像を創り出し、美しい絶景に包み込まれるような没入感のある映像体験を味わうことができます。

企業の投資価値

自動車のように技術が成熟した製品は、もはやハードウェアだけで決定的な差別化をすることが難しくなっています。アウディは、ARという最先端技術を取り入れることで、ユーザーに新たな乗車体験を提供し、競争が激化する自動車業界で他の自動車メーカーと一線を画そうとしています。

アウディのデザイン部門のJan Pflueger氏は、「物理的なディスプレイやタッチスクリーンを取り除き、AR・MRで乗客をモビリティエコシステムに直感的に統合することで、従来の自動車の枠を超えた新たな可能性が開かれる」と発言しています。実際、その画期的な試みで、世界中の注目を集めることに成功しました。

CASE 024
ARで床の掃除をした箇所を確認できる掃除機をリリース
ダイソン

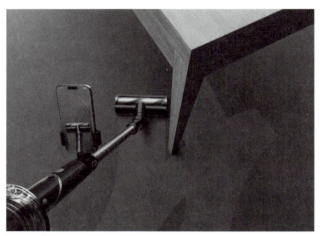

https://www.dyson.co.jp/community/news/Dyson-Clean-Trace.aspx

概要

　ダイソンは、2024年4月、AR技術により掃除した場所が可視化される機能を持つ斬新な掃除機「Dyson CleanTrace」を発表しました。

　ダイソンのコードレス掃除機に専用のスマートフォンホルダーを装着。ダイソンの製品を管理できる「MyDyson」というアプリと組み合わせて利用します。アプリを起動しながら、掃除機をかけると、かけた場所が紫色の軌跡としてスマホの画面に表示されるのです。

　AR技術というと、エンタメコンテンツや工場現場での作業ツールとしての活用が注目されがちですが、日常生活を便利にするためにも使えるということを示す典型的な事例だといえるでしょう。

ユーザーの体験価値

　Dyson CleanTraceを購入したユーザーは、自身のスマホに専用のアプリをインストールし、掃除機についているホルダーにスマホを取り付けるだけで簡単にAR機能を活用することができます。

　一度かけた場所が紫色でわかりやすく表示されるので、掃除にかかる時間が短縮されます。また、掃除完了後、スマホで部屋全体をスキャンし、紫色になっていない部分を確認することで、掃除していない場所がどこかがわかり、部屋の隅々まできれいに掃除することができます。

企業の投資価値

　ダイソンは、差別化が難しい掃除機という日常の道具にAR機能を追加することで、新たな付加価値を創出し、誰にとってもわかりやすい差別化に成功しました。

　エンタメや現場作業に活用するためのARサービスにも多くのターゲットが想定されますが、日常の家事に役立つARサービスとなると、すべての消費者が対象となり、マーケットが一気に広がります。消費者向けの製品やサービスを販売しているすべての企業に、活用・導入のチャンスがあるといえるでしょう。

　また、Dyson CleanTraceの場合、単に生活を便利にするだけでなく、斬新さや面白さも兼ね備えているため、SNSやクチコミを通じて広まりやすく、自然に認知度が拡大していく効果も期待できます。

2-3

オンラインサービスの体験の強化

CASE 025

ARによる矢印の表示でもう道に迷わない！
Google Map

概要

　Googleが提供する地図アプリであるGoogle Mapは、AR機能の搭載によりさらに便利になりました。スマートフォンのカメラで目の前の景色を映すと、ARにより目的地を示す矢印が表示されるのです。これにより、地図を見るのが苦手な人や知らない場所に訪れた人でも、もう道に迷う心配がなくなることが期待できます。

　さらに、2024年5月、Google Map上で観光名所が再現される、つまり、Google Mapで特定のスポットを検索すると、その場所の風景をARで体感できるようにするという発表もありました。2024年後半から試験的に導入され、パリの名所の昔の様子やシンガポールの各地の観光スポットがARコンテンツとして提供されるようです。

https://www.hardwarezone.com.sg/tech-news-google-now-user-testing-its-ar-navigation-feature-google-maps

ユーザーの体験価値

　ユーザーは、スマートフォンのGoogle Mapアプリから無料でAR機能を利用することができます。

　Google Map上で目的地を検索し、経路をタップしてライブビューを起動すると、カメラがオンになります。周辺の建物やお店にカメラを向けると、目的地の方向が矢印で表示されます。矢印に沿って歩くだけで、簡単に目的地に到達することができるのです。

　さらに、観光地でカメラをかざすと、名所の名前が表示されたり、その土地の昔の風景が映し出されるなど、ARならではの機能で、今後は単なる道案内だけでなく、エンタメとしても楽しめるようになるとのことです。

　一方で、現実世界とリンクしているARアプリの問題点として、歩きスマホが横行し、事故のリスクが高まるというものがありました。Google Mapでは、この対策として、カメラで景色を映したまま歩こうとすると、ライブビューは立ち止まっているときのみ利用するようにとの注意書きが表示されるようにしています。歩きスマホを防止することで、ユーザーの安全にも配慮しているのです。

企業の投資価値

　現実の世界に3Dのデジタル映像を表示できるAR機能は、地図アプリのようなリアルベースのサービスとの相性も非常によいといえます。Google Mapを見ても迷ってしまうというユーザーの悩みを解消することで、利便性が圧倒的に向上し、ユーザーをさらに増やすことができるでしょう。

　さらに、Googleは、Google Mapを単なる便利な地図アプリから、エンタメとしても楽しめるコンテンツへと進化させ、より多くのユーザーに親しまれるサービスを目指していると考えられます。

CASE 026 Disney+のコンテンツを圧倒的な没入感で提供

ディズニー

https://thewaltdisneycompany.com/disney-apple-vision-pro/

概要

AppleのXRデバイスであるVision Proがアメリカで発売されるとすぐに、Vision Proでディズニーの映画を流した様子がSNSやメディアなどで取り上げられ、世界中のディズニーファンを興奮させました。

前項でも触れたように、ディズニーは、自社が運営するコンテンツ配信サービス「Disney+」の作品を、Apple Vision Pro向けのコンテンツとして提供しています。

Vision Proの高度な没入感やハイクオリティな画像は、映画やアニメなどの映像コンテンツの視聴体験を飛躍的に高め、ユーザーの満足度を一気に向上させることが期待できます。今後、さまざまなコンテンツが提供されていくものと思われます。

ユーザーの体験価値

　Apple Vision Proを購入したユーザーは、ディズニーやピクサーの人気作品をVision Proのハイクオリティ画像と没入感で楽しむことができます。「スター・ウォーズ」や「アバター」などの大人気映画を没入感あふれる映像と音声で楽しめるわけです。

　一部のコンテンツは、3D映像として観ることができ、自分のすぐ目の前にディズニーの人気キャラクターが現れる様子を味わうことができます。

企業の投資価値

　ディズニーのCEOであるボブ・アイガー氏は、Apple Vision Proにより「物語の世界により深く入り込めるようになる」と考えて、Vision Pro向けコンテンツに注力していくことを決定したとのことです。

　同社が持つ世界中で人気のコンテンツと、圧倒的な没入感を生み出せるVision Proを組み合わせることで、これまでにない非日常的なエンタメ体験を提供し、ユーザーの満足度をさらに高めることができると判断したのです。

　また、世界的に注目されている新デバイスにいち早く参入することで、ディズニーのファンでない人を含めた多くの人の注目を集め、新規のチャンネル会員を増やす狙いもあると考えられます。

　今後も、多くのエンタメ企業がディズニーに続けと、Apple Vision Pro向けのコンテンツ提供を開始していくことでしょう。

CASE
027

コート脇にいるかのような 迫力あるNBAの試合を放映
NBA

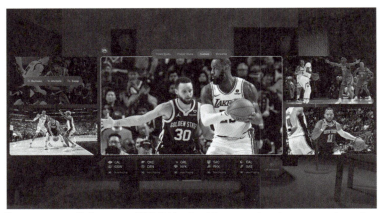

https://www.apple.com/jp/newsroom/2024/06/apple-vision-pro-arrives-in-new-countries-and-regions-beginning-june-28/

概要

　NBAもまた、Apple Vision Proへのサービスを開始しました。Apple Vision Proを使用するユーザーに対して、ライブまたはオンデマンドで、バスケットボールの迫力ある試合映像を配信しています。

　選手とチームのリアルタイムの統計情報や他の試合も含めたスコアを表示する機能など、複数の画面を自在に表示できるVision Proならではの特徴を活かした新機能も取り入れています。自宅でのNBAの観戦体験が一段とパワーアップし、多くのファンを歓喜させています。

ユーザーの体験価値

　ユーザーがApple Vision Proを装着すると、目の前にバスケットボールのコートが現れ、まるで現地で試合を観ているかのような臨場感ある試合映像を体験することができます。選手の細かい動きや息遣いまで感じ取ることができるほどの迫力ある映像は圧巻です。

　また、目の前の空間に最大5つのスクリーンを表示し、同時に5試合を観戦することも可能です。従来のテレビやパソコンでは実現できなかった新たな観戦スタイルを堪能することもできます。

　NBAのコミッショナーであるアダム・シルバー氏は、Apple Vision Proでの試合観戦について、「コートサイドで座って観戦するよりも、多くの点で優れている」とコメントしています。

企業の投資価値

　NBAは試合のライブ配信を行い、サブスクリプションモデルで収益を得ています。Apple Vision Proでの新たな観戦スタイルの登場によりライブ配信の魅力が高まることで、加入者数の増加や継続率の向上が見込まれると考えられます。

　また、バスケットボールのルールや選手の特徴などの補足情報を表示することで、バスケットボール初心者でも手軽に観戦を楽しむことができるようになり、ファンの裾野が広がると考えられます。

　Apple Vision Proでスポーツの試合を配信する取り組みはNBAだけのものではありません。メジャーリーグベースボールも参入し、Vision Proで野球の試合映像を配信しています。

　今後も、あらゆるスポーツがVision Proで提供されるようになり、家でのスポーツ視聴体験が大きく変わっていくと考えられます。

CASE 028 全面星空の幻想的な体験が可能なアプリ「スカイ・ガイド」
Fifth Star Labs LLC

https://apps.apple.com/ca/app/sky-guide/id576588894?platform=vision

概要

　米国のアプリ開発企業であるFifth Star Labs LLCは、星空や星座など夜空の美しい景色をApple Vision Proで体感することができる「スカイ・ガイド」というアプリを提供しています。

　ユーザーは、星空や天体の美しさをApple Vision Proの圧倒的な没入感のもとで体感することができます。本物の星を見る以上に幻想的な体験をすることができるとして、多くのユーザーから高い評価を得ています。

ユーザーの体験価値

　ユーザーがApple Vision Proを装着し、没入感の設定を最大にすると、目の前の空間が夜の景色に一変します。満天の星空が映し出され、オーロラや星座などの美しい天体を間近に見ることができるのです。

　また、双眼鏡機能により星をズームインして観察したり、好きな星座を選択して近くに映し出したり、X線や赤外線など肉眼では見ることができない波長の光を疑似的に見たりすることもでき、宇宙や天体の学習・理解のために活用することもできます。

　さらに、星空だけでなく、海・山・街の様子を観察したり、特定の日付や時間における景色を映し出すなど、幅広い機能が用意されています。

企業の投資価値

　スカイ・ガイドは、高度な没入感と4Kによるハイクオリティの映像というApple Vision Proの特性を存分に活かしたアプリであり、SNS映えする映像により、リリース直後から大きな話題を集めることに成功しました。

　また、テキストによる解説が表示されたり、星座や天体を自由に拡大縮小・移動させることができたりすることから、学習・観察用に学校などの教育機関によって活用される可能性もあります。

　星空や天体などの美しい自然の映像は、まさにApple Vision Proで提供する価値のある有力なコンテンツとなります。単に美しい映像を楽しむという娯楽としての楽しみ方もありますが、テキスト解説と組み合わせて教育や研究目的での活用も可能であり、多様なユーザーに利用される可能性があります。

CASE 029 仕事の効率を格段に高める SAPのワークツール
SAP

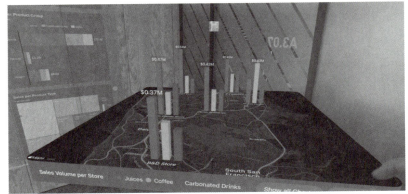

https://www.apple.com/newsroom/2024/04/apple-vision-pro-brings-a-new-era-of-spatial-computing-to-business/

概要

　ドイツの有名なソフトウェア会社であるSAPは、自社が提供するITツールをApple Vision Proに対応させています。具体的には、データ分析ツール「SAP Analytics Cloud」とワークフロー管理ツール「SAP Mobile Start」の2つをVision Proでも利用できるようにしました。

　SAP Analytics Cloudとは、Excelと同じようにデータ分析やグラフの作成ができるワークツール、SAP Mobile Startとは、ToDo管理、通知確認、ビジネス情報の閲覧などができる便利なビジネスツールです。

　これらのツールが、Vision Proの複数画面表示機能や立体映像表示機能と組み合わさせられることで、利便性がさらに向上し、仕事の効率アップに貢献します。

ユーザーの体験価値

　SAP Analytics CloudをVision Proで利用すると、データの画面を複数同時に表示したり、グラフや地図を立体的に表示することが可能となります。映し出された3Dのグラフや地図は、指でつまんで角度やサイズを調整することができます。これにより、複雑なデータも直感的に理解することが可能となります。

　また、SAP Mobile StartをVision Proで利用すると、大画面に自分のTo Doや通知を映し出せるようになり、スクロールしなくても一日のタスクを一目で確認できるようになります。物理的な制約なしに画面を複数表示できるため、To Doを確認しながらタスクを実施するなど、画面を逐一切り替えずに同時並行での作業が可能となります。

　このように、Apple Vision Proの複数画面表示機能や3D映像の表示機能を活用することで、日常のタスクの生産性・効率性をさらに高めていくことができます。

企業の投資価値

　Apple Vision Proは、Proという語がついているように、ビジネス目的での利用も想定されています。現在の価格は日本円で約60万円と比較的高額であることから、企業やビジネスパーソンによる利用がメインとなるでしょう。SAPが提供しているサービスは、主としてビジネス向けのワークツールであるため、Vision Proが想定しているユーザーとマッチしています。

　SAPだけでなく、Zoom、WebexやMicrosoftのWord・Excelなど多くのワークツールが早速Vision Proに対応しています。ワークツールを提供している企業は、Vision Proに対応することで、既存ユーザーの体験価値を高めるとともに、他社との差別化を広げ、新規のユーザーを獲得することが期待できます。

3 マーケティング強化

- ゲーミフィケーションの活用
- ファンコミュニティ活性化
- 空間・世界観再現
- 広告出稿
- 営業

メタバース活用は、新たなマーケティング施策を考える上でも、有効な選択肢の1つになりつつあります。

近年のマーケティングのトレンドとして、単なるWeb広告以上にインタラクティブな、パーソナライズされた広告が重視されつつあるということがありますが、このトレンドは、メタバースとの相性が非常によいのです。
メタバースならではのゲーミフィケーション（コンピューターゲームのゲームデザイン要素やゲームの原則をビジネスなどゲーム以外のものごとに応用すること）を活用したり、ファンコミュニティを活性化したり、特定の空間やブランドの世界観を再現したり、あるいはそれらを掛け合わせてと、さまざまに活用されています。

たとえば、有名K-POPグループであるTWICEは、人気メタバースプラットフォームであるRoblox上に、楽曲にちなんだ脱出ゲームやTWICE関連のクイズなどを楽しめるワールドを展開しています。TWICEの世界観が体感できるだけでなく、体験自体が非常によく練られていてコアなファンならずとも楽しめることから、ワールドの総来場者数は8,000万人を超えています。

このように、活用する企業にとっては、若者を中心とする幅広い顧客層にリーチできること、インタラクティブでユニークな体験を通じて商品やブランドを強力に訴求し顧客のロイヤリティを高めることなどから、売上向上につなげていけます。
人々の活動圏のデジタルシフトに伴い、マーケティング施策がオフラインからオンラインへ、そして、よりリッチなコンテンツへとシフトしていく中、メタバースの活用は、今後ますます進んでいくものと思われます。

3-1
ゲーミフィケーションの活用

CASE 030 ユーザーの投稿に
AR広告フィルターをかける
新しい広告スタイルを実現
SnapChat

概要

　写真共有アプリSnapChatを運営するSnapは、2024年3月、企業がSnapChat上で、広告をARフィルターとして提供できるサービスを開始しました。

　Sponsored AR Filtersと名付けられたこのサービスでは、ユーザーが投稿のために撮影した写真を、企業が用意したARフィルターで加工します。このARフィルターには、企業のロゴやサービス名などが含まれており、一般ユーザーと企業が共同して広告を作り上げる画期的なサービスとなっています。

　ARにより、広告の企業のロゴやサービス名などの文字が飛び出して見える様子は、広告というよりはエンタメコンテンツに近いといえます。すでに、アメリカのスーパーボウルを主催するNFL(National Football League)や、オハイオ州の植物園フランクリン・パーク・コンサーバトリーが利用しており、認知度の拡大やチケットの売上数増加を狙っています。

ユーザーの体験価値

通常のSNS広告は、投稿と投稿の間に差し込まれたり、別の画面に移行する際に表示されます。そのため、他のユーザーの投稿やコミュニケーションを楽しみたいユーザーにとって、SNS広告は邪魔なものととらえられることが少なくありませんでした。

これに対し、Sponsored AR Filtersは、ユーザーの投稿と広告が組み合わさったもので、投稿の一部として楽しむことができます。

これにより、広告の煩わしさを感じることなくSNSを楽しむことができるのです。

https://forbusiness.snapchat.com/blog/introducing-sponsored-ar-filters

企業の投資価値

SnapChatは、2023年2月時点で、世界での月間アクティブユーザーが7億5000万人に達している人気サービスです。このような多くのユーザーを抱えるプラットフォーム上での広告は多くのユーザーの目に留まり、大きな広告効果を得ることができると考えられます。

今回の取り組みの特筆すべきところは、ユーザーの投稿と広告を組み合わせた点にあります。投稿そのものに広告の機能を持たせ、ARという最新技術も取り入れることで、邪魔なものととらえられがちだった広告を、ユーザーに受け入れやすいものとしたのです。

また、Snapが提供する専用のツールを使えば、わずか10分以内でAR広告フィルターを作ることができ、外部コストもかかりません。低コストで最大の広告効果を得ることができる点も、広告出稿社を集める上で、大きなアピールポイントとなっているのでしょう。

CASE 031 缶の上でパックマンが楽しめるARゲーム

アサヒビール

https://www.asahibeer.co.jp/news/2023/1011.html

概要

　アサヒビールは、2023年10月から24年1月まで、人気コンピューターゲーム「パックマン」とコラボした新感覚のARゲーム「DRY CRYSTAL × PAC-MAN」を期間限定イベントとして実施しました。

　ユーザーが特設サイトからカメラを立ち上げて、新商品である「スーパードライ　ドライクリスタル」の缶にスマホをかざすと、ARによって缶の側面にパックマンのゲーム画面が映し出され、ゲームを楽しむことができるという企画です。

　さらに、スマホ上で総合ランキングや都道府県別ランキングを見ることもできるなど、ユーザー同士で競い合うことができる機能も用意されました。

ユーザーの体験価値

　アサヒスーパードライを購入したユーザーは、スマートフォンさえあれば、簡単にパックマンのARゲームを楽しむことができました。

　飲み物を買うという日常の何気ない行動にゲーム要素が加わることで、普段の生活にささやかな楽しみが追加され、新たな体験価値が生み出されたのです。

　また、ユーザー同士で競い合うことができる機能もあり、友人や家族と一緒に飲み物を購入して、ゲームを楽しむという新たな遊び・コミュニケーションの場となりました。

企業の投資価値

　アサヒビールにとっては、新商品の発売にあたって、ARを活用した新しい取り組みを実施することで、宣伝や販売促進につなげることができます。ARという最新の技術を活用した取り組みは、メディアなどでも取り上げられやすく、クチコミやSNSを通じて、自然に広まっていくことも期待できます。

　また、ARなどの最新技術を活用したゲームは特に若者の間で受けがよく、若者を中心にビール離れが進んでいるといわれている現代において、若者の消費者をつなぎとめる狙いもあったと考えられます。

　このスーパードライは、2023年末までに139万箱が販売されました。キャンペーン期間中のゲームの参加者は約25万人に達しており、販売数の増加に貢献しました。

　一方で、パックマンを作ったナムコ社にとっても、今までゲームに関心がなかったターゲットに自社のゲームを認知・体験させ、新たなファンを獲得するチャンスとなりました。

CASE 032

VR空間上に仮想店舗をオープン、ハンバーガー作りの体験会を実施

モスフードサービス

https://prtimes.jp/main/html/rd/p/000000165.000075449.html

概要

　モスバーガーを展開するモスフードサービスは、2022年9月、新商品の「月見フォカッチャ」の販売を記念し、世界最大のSNSメタバースプラットフォーム「VRChat」上に仮想店舗「モスバーガー ON THE MOON」をオープンしました。

　メタバース空間にリアルの店舗を再現し、VRChatのユーザーが気軽に訪れることができる場を提供。メタバースでしか体験できないイベントを開催して、新商品をプロモーションしました。

　また、都内3店舗にて、3日間にわたり、VRゴーグルの貸出しやメタバース上でのモスシェイクや枝豆コーンフライ作りの体験会を実施するなど、オフラインのイベントも同時に開催しました。

ユーザーの体験価値

　VRChatのユーザーは、実際の店舗を忠実に再現したモスバーガー ON THE MOONに無料でアクセスすることができます。店舗は宇宙空間上に存在し、テラス席では地球を一望しすることもできます。メタバース上の店舗は本物のようにリアルに再現されており、厨房の中など、普段は見ることができない場所にも入ることができます。

　また、2023年のリニューアル時には、人気VTuberとタイアップした楽曲パフォーマンスを楽しんだり、ハンバーガーを製造する体験会に参加するなど、現実の店舗では体験できないメタバースならではのイベントにも参加することができました。

企業の投資価値

　VRChatは同時アクセス数が10万人にも達する世界最大規模のメタバースSNSプラットフォームです。特に若い世代に人気が高く、VRChat上でイベントを開催すれば、若年層を中心に多くのユーザーの関心を引くことができると考えられます。現に、モスバーガー ON THE MOONを訪れたユーザーが、SNS上にメタバース上での体験を投稿するなど、ユーザーの投稿・拡散を通じたPR効果が上がっています。

　2022年9月のモスバーガー ON THE MOONの成功を受けて、2023年3月にはメタバース店舗をリニューアルオープンしました。満開の桜を再現した新しい世界観を取り入れ、新しいメニューも追加することで、さらに多くのユーザーを集めることを狙ったものです。

　単なる商品の販売だけでなく、ハンバーガー作りの体験会やゲーム大会などのイベントを通じて消費者と新たな接点を築くことで、ブランドへのロイヤリティやエンゲージメントの強化を図る狙いもあると考えられます。

CASE 033 Roblox上に観光名所を再現し、ゲームやイベントなどのコンテンツを提供

東京都

https://hellotokyofriends.metro.tokyo.lg.jp/jp/

概要

　東京都は、2024年2月、メタバースやARを活用し、東京タワーや東京スカイツリーなどの観光名所を再現した観光コンテンツを提供する「HELLO! TOKYO FRIENDS」という交流プラットフォームをオープンしました。

　その取り組みの一環として、世界中で人気のメタバースゲーミングプラットフォーム「Roblox」上に東京の街を再現しています。そこでは、メタバース上の東京タワーなどの名所でゲームを楽しめたり、観光地のチェックポイントを実際に訪れるとARアプリで限定アイテムが獲得できる、などのエンタメコンテンツを提供し、ユーザーを楽しませています。

　2024年春には、VTuberが東京観光大使として登場し、メタバース上で記念イベントを開催したり、限定アイテムを配布するなどのキャンペーンも行われました。

ユーザーの体験価値

　東京の街に興味のある国内外のユーザーは、特設サイトからメタバースにアクセスし、観光エリア内での宝探しや回転寿司店でのクイズなど、さまざまなゲームで遊ぶことができます。ゲームを通じて東京の観光名所や文化の魅力を存分に味わうことができるようになっています。

　また、Robloxアプリをダウンロードしてアカウント登録を行うことで、無料でメタバース東京にアクセスし、自宅にいながら東京の街を堪能することができます。

　英語にも対応しているため、海外のユーザーも手軽に参加し、仮想の東京の街で遊ぶことができます。

自治体の投資価値

　東京の文化や観光名所にあやかったメタバースゲームを通じて東京についてより深く知ってもらうことで、多くの人が東京の魅力を再発見し、興味を持つきっかけとなります。メタバースをきっかけに、実際に東京を訪れるリアルの観光客を増やす狙いもあるでしょう。

　Robloxは世界中で4億人ものユーザーを抱える大人気メタバース・プラットフォームです。そのような巨大プラットフォームでコンテンツを提供することにより、多くのユーザーに東京の魅力を伝えることができます。英語にも対応していることから、特に海外のユーザーにリーチアウトし、ひいてはインバウンドの増加につなげることも期待できるでしょう。

　2024年3月には、江戸時代の街並みを再現した江戸エリアを新たに開設したり、有名人とタイアップしたプロモーションを行うなど、定期的に新しいイベントを実施しています。ユーザーを飽きさせない継続的な努力により、ユーザーとのエンゲージメントを高めているのです。

CASE 034

TikTok上でARコンテンツが楽しめる環境キャンペーンを実施

シンガポール

https://singapore-river.sg/sro-events/srf2023/

概要

　シンガポールは、2023年9月、コロナウイルスによって減少した観光客を再び呼び戻そうと、ARを活用したキャンペーンを行いました。

　シンガポール川の沿岸で毎年開催される「シンガポール・リバー・フェスティバル」における、ARを活用した仕掛けがそれで、観光客が、人気ショート動画SNSアプリ「TikTok」をインストールすると、ARを活用したコンテンツを楽しむことができます。たとえば、シンガポールのランドマークである「マリーナベイ・サンズ」にスマホをかざすと、空飛ぶ車が現れるなど、ARならではのコンテンツが提供されました。

　観光客がTikTok上に映し出されたAR映像をそのまま投稿し、他のユーザーにシェアできるようにしたことで、実際に現地を訪れた人だけでなく、TikTok上の多くのユーザーにシンガポールの魅力を伝えることに成功しました。

ユーザーの体験価値

シンガポールを訪れた観光客は、TikTokをインストールするだけで、通常の観光とはひと味違う観光体験を手軽に味わうことができました。

マリーナベイ・サンズのほか、巨大な木のような建築物「スーパーツリーグローブ」からスマホ越しに空を見上げると、巨大な温室ドームにスマート農場が表示されるなど、未来をイメージした映像が表示され、楽しませてくれました。

また、各名所スポットの周辺には、AR専用のマーカーが設置されており、TikTokからQRコードをかざすと、さまざまなARコンテンツを楽しむことができる仕掛けもありました。

TikTok上に映し出されたAR映像は、そのままTikTokに投稿し、友人にシェアすることも可能です。普通の旅行写真とはひと味変わった独特な写真を投稿することで、多くの人から注目を得ることもできたわけです。

都市の投資価値

シンガポールによるAR観光の取り組みで、もっとも参考にすべきところは、全世界で10億人以上が利用しているといわれているTikTok上で、提供した点です。シンガポールを訪れた観光客が、TikTok上で表示されたAR映像をそのまま投稿・シェアできる仕組みを作ったことで、現地を訪れた人だけでなく、世界中のTikTokユーザーにシンガポールの魅力を発信することに成功しました。

このように、ただARコンテンツを提供するのではなく、それを観たユーザーが、AR映像を多くの人に拡散できる仕組みを導入することで、ARを活用した観光PRの効果を何倍にも高めることができます。

3-2

ファンコミュニティ活性化

CASE 035　Roblox上に
　　　　　 ファンコミュニティの場をオープン
TWICE

https://www.roblox.com/ja/games/12596416224/Moonlight-Sunrise

概要

　人気K-POPアイドルグループTWICEは、2023年3月、メタバースゲーミングプラットフォーム「Roblox」上に、独自のワールド「TWICE Square」を開設しました。

　TWICE Squareに集まったファンは、ファン同士での交流やTWICEの楽曲にちなんだミニゲームを楽しむことができます。

　Robloxでは初めてとなる常設のファンコミュニティとして、これまで多くのTWICEファンを集めることに成功しています。

ユーザーの体験価値

　TWICE Squareは、TWICEのファン同士の結束を強めるためのコミュニティとしてオープンしました。

　集まったユーザーは、ファン同士での交流のほか、TWICEのシングル曲にちなんだ脱出ゲームやTWICEについての知識を試すクイズなどのミニゲームを楽しむことができます。さらに、TWICEメンバーのアバター衣装を購入したり、セルフィースペースで写真を撮ってSNSで共有するなど、さまざまな楽しみ方で、TWICEの世界観を満喫することができます。

　ワールドは24時間開放されており、現実のライブ会場のような物理的な制約もありません。いつでもどこからでも気軽にTWICEのワールドを訪れることができるというのも、ファンにとっては嬉しい場です。

企業の投資価値

　メタバース上のワールドにファンコミュニティの場を構築することで、ファンとの間で新たな接点を築くことができます。現実のライブ会場のように物理的な距離の制約もないため、世界中のファンとアバターを通して接することができ、ファンサービスの向上につながります。

　TWICE Squareには、今後も新機能が次々と追加される予定とのことです。物理的な設備が必要とならないメタバース上であれば、比較的低コストで新たな仕掛けやゲームを導入することも可能です。これにより、継続的にファンをワールドにつなぎ止めることができるでしょう。

　また、約4億人ものユーザーを抱えるRobloxにワールドを構築したことで、今までTWICEのファンではなかったユーザーまで取り込むことができ、新規ファンの獲得にもつながっているものと思われます。そこでアバター衣装などのバーチャルアイテムを販売すれば、大きな収益を上げることとなるでしょう。

CASE 036 メタバース上に野球場を再現し、ファンとの接点を強化

MLB（メジャーリーグベースボール）

https://www.mlb.com/news/mlb-virtual-ballpark-first-regular-season-stream

概要

アメリカ（カナダチームも含む）のMLB（メジャーリーグベースボール）は、2023年7月、メタバース上にバーチャルな野球場である「MLB's Virtual Ballpark」を開設しました。ブラウザから誰でもアクセス可能な、世界中のメジャーリーグファンの集まる場です。

そこでは、ファンに向けたさまざまなエンタメコンテンツが提供されていて、アバターの姿になった世界中のファンが、お互いに交流したり、試合観戦をしたり、ミニゲームを楽しんだりできるようになっています。

ユーザーの体験価値

　MLB's Virtual Ballparkにアクセスしたユーザーは、自分の好きな球団から提供された服装を選択し、バーチャル球場を自由に移動することができます。

　ブラウザから簡単にアクセスできるため、現実の球場に行くことが難しいユーザーでも気軽に参加し、本物の球場にいるかのような雰囲気を堪能することができる点が大きな魅力となっています。

　また、フィールドのすぐ横に立って試合を間近で観戦したり、MLB's Virtual Ballpark限定の独占インタビューの視聴ができるなど、メタバースならではの体験もできます。

企業の投資価値

　現実の球場まで足を運ぶことが難しいファンでも、自宅にいながら本物の球場にいるかのような雰囲気を味わえる体験を提供することで、ファンサービスの質や満足度を向上させ、エンゲージメントを高めることができます。

　メタバースでの体験をきっかけに、ファンがメジャーリーグの魅力を再発見し、実際に現地の球場に足を運ぶきっかけにもなるでしょう。

　また、メタバースは若者に特に人気の高いサービスであるため、野球離れが進んでいるといわれている若者の関心をつなぎとめる施策としても期待されています。

CASE 037 メタバース上でサッカー観戦ができるパブリックビューイングを開催

KDDI

https://prtimes.jp/main/html/rd/p/000000104.000041844.html

概要

　KDDIは、2022年1月、日本最大のメタバースプラットフォーム「cluster」上で、サッカー日本代表SAMURAI BLUEのパブリックビューイングを期間限定で開催。cluster上で渋谷の街を再現したメタバース空間「バーチャル渋谷」を舞台に、2022年にカタールで開催されたワールドカップ予選の試合を放映しました。参加者は、アバターの姿で試合の中継スクリーンの前に集まり、他のファンと一体となって応援したり、有名YouTuberのトークイベントを楽しむなど、メタバースならではの体験を味わうことができました。

　この成功を受けてJFA（日本サッカー協会）は、KDDIと共同で、2024年1月、カタールで開幕したAFCアジアカップカタール2023の日本代表チームを応援するイベントを「aUmetaverce」で実施しました。

ユーザーの体験価値

ユーザーは、自宅にいながら、まるで現実のサッカースタジアムにいるかのように、他のファンと一緒にサッカーを観戦するという臨場感のある体験が得られます。

また、単に試合観戦を楽しむだけでなく、他のファンとの交流やトークイベントなどのエンタメコンテンツなど、リアルのサッカー観戦では味わうことのできない独特な体験を味わえる点も魅力の1つです

clusterやaUmetaverseのアカウントを作成すれば、誰でも無料で参加できるため、リアルのサッカー観戦と比べて参加へのハードルが圧倒的に低いことも、ユーザーにとって大きなメリットとなっています。

企業の投資価値

リアルのサッカースタジアムと異なり、物理的な制約がないメタバース空間においては、より多くのユーザーの参加を促すことができます。「日本VS オーストラリア」の試合では、来場者数が合計約1万人に達しており、多くのユーザーを取り込むことに成功しました。

また、特に若年層の間で人気の高いメタバース上にサッカー観戦の場を設けることで、普段サッカーに関心のないユーザーにも興味を持ってもらい、新たなサッカーファン層の獲得につなげる狙いもあると考えられます。

現に、来場者の約8割が日本代表戦を初めて観戦した、というアンケート結果が得られており、新たなファンをひきつけることに成功しています。

CASE 038 3Dのガンダムを間近で見られる「ガンダムメタバース」を構築

バンダイナムコ

https://www.gundam.info/news/hot-topics/01_12562.html

概要

バンダイナムコは、メタバース空間にガンダムの世界観を再現した「ガンダムメタバース」を構築し、ガンダムファンの交流の場としてオープン。期間限定のワールドとして定期的にオープンしています。

ユーザーがガンダムメタバースにアクセスすると、ガンダムの世界を再現したメタバース空間内をアバターの姿で移動したり、ファン同士でのコミュニケーションを楽しむことができます。

さらに、没入感のあるガンダムの映像を投影したり、ファンが制作したガンプラを見ることができる展示コーナーを設けるなど、ガンダムファンが楽しめるさまざまなコンテンツを提供しています。

ユーザーの体験価値

　ユーザーは、自宅にいながらガンダムファンと気軽に交流してガンダムについて語り合ったり、自作のプラモデルを見せ合ったりするなどして、コミュニケーションを楽しむことができます。

　また、メタバース空間に設置されたガンダムの巨大なオブジェを360度から眺めたり、ガンダム作品に関連するアーティストのメタバースライブが楽しめたりなど、ファンが喜ぶ体験が数多く用意されています。

　自宅からPCブラウザで簡単に参加できるメタバース空間は、ガンダムファンにとって、手軽に他のファンとコミュニケーションができる貴重な機会となっているのです。

企業の投資価値

　ガンダムメタバースは、ガンダムの基地を再現したり、3Dのリアルなガンダムを構築するなど、ガンダムの魅力を余すところなく発揮できる格好の場となっています。これにより、既存のファンだけでなく、今までガンダムにあまり関心のなかったターゲットにも刺さるコンテンツとなりました。

　また、ファンが制作したガンプラ作品の展示場やミッションに挑戦できるゲームなど、ユーザーが積極的に楽しめる参加型コンテンツも提供しており、ファンとのエンゲージメントを高めています。2024年3月に再度オープンしたガンダムメタバースでは、合計1000点以上のプラモデル作品が展示されました。

　さらに、ガンダムメタバースは日本のほかアメリカや香港、台湾でもオープンしており、日本人のファンだけでなく世界中のガンダムファンとの接点を創り出すことにも成功しています。

3-3

空間・世界観再現

CASE 039
フォートナイト上でライブを開催し数千万人を熱狂の渦に

アリアナ・グランデ

https://www.fortnite.com/@fortxg/2413-6753-8511?lang=ja

概要

　アメリカの歌手アリアナ・グランデは、2021年、日本時間8月7日～9日の3日間、フォートナイト上で一度限りのバーチャルライブを開催しました。

　アバターの姿になったアリアナ・グランデが、フォートナイト上に設営されたバーチャルライブ会場で次々と人気楽曲を披露。カラフルなシャボン玉やユニコーンなどメタバースならではの独特な演出によって、アクセスしたユーザーを大いに楽しませました。

　世界的に有名な歌手がメタバース上でライブを行うという画期的なイベントは世界中で盛り上がり、日本でも、ライブの終了後にアリアナ・グランデがTwitter（現X）のトレンド入りを果たすなど、大きな注目が集まりました。

ユーザーの体験価値

　フォートナイトのユーザーであれば誰でもアリアナ・グランデのライブを観ることができました。虹のかかった空や神殿のような建物がメタバース空間上に再現され、そこでアバターになったアリアナ・グランデのパフォーマンスを楽しんだのです。

　楽曲の歌詞に合わせて、背景が次々と変わっていくなど、バーチャル空間でなければ再現できない演出が楽しめるのも、メタバースライブならではの体験です。

　現実世界のライブの場合、収容人数の関係で実際の会場でライブを観られる人の数は限られますが、フォートナイトのようなメタバース空間では、収容人数や場所の制約はありません。有名な歌手のライブにも手軽に参加できるところは、メタバースの大きな魅力です。

企業の投資価値

　アリアナ・グランデのフォートナイトライブでは、世界中で1000万人以上のユーザーを集めるなど、リアルのライブよりもはるかに多くのユーザーにパフォーマンスを届けることに成功しました。これにより、アリアナ・グランデ及び所属レーベルは、ファンの拡大とそれに伴う大きな経済効果を得られたと考えられます。

　また、メタバースでのライブは、会場の設営に人的・物理的コストがかからないため、多くのユーザーに対して低コストでパフォーマンスを届ける有力な手段となります。

　日本でも、米津玄師や星野源などの大物アーティストがフォートナイト上でバーチャルライブを開催しています。メタバース上でのライブは、今後、アーティストにとって、既存のファンとの接点を増やしたり、新たなファンを獲得するための有効なチャネルとなるでしょう。

CASE 040
ホラーアニメ「マニアック」の世界観をフォートナイト上に再現
Netflix

https://prtimes.jp/main/html/rd/p/000000015.000111821.html

概要

　Netflixは、「伊藤潤二『マニアック』」というオリジナルアニメをモチーフにしたお化け屋敷をメタバースプラットフォームであるフォートナイト上に公開しました。

　「伊藤潤二『マニアック』」は、日本の代表的なホラーアニメであり、独特の世界観と魅力的なキャラクターで人気を集めています。今回、このアニメの世界観がフォートナイト上のゲームとして再現されたのです。Netflixで配信中のアニメ作品がフォートナイト上に登場するのはこれが初めてのことです。

　2023年2月1日に公開されると、その翌日からフォートナイト上のEPIC'S PICKS（イチオシ）に掲載され、日本だけでなく、海外などからも多くのユーザーが訪れ、来場者数は1か月で50万人、3か月で120万人を突破と、大盛況となりました。

ユーザーの体験価値

　今回の取り組みでは、「伊藤潤二『マニアック』」のうち5話がメタバース上で再現されました。フォートナイトをプレイするユーザーは誰でも、お化け屋敷にアクセスして、『マニアック』のホラーな世界に浸ることができます。

　お化け屋敷はストーリーに沿って構成されており、ユーザーはホラーアニメのストーリーを楽しみながら、お化け屋敷でゲームをプレイすることができます。

　ファンはもちろん、「伊藤潤二『マニアック』」を知らない人も、メタバース上のお化け屋敷として楽しむことができるのが、大きな魅力です。

企業の投資価値

　世界中に多くのユーザーを抱えるフォートナイト上でメタバースを展開することで、多くのユーザーに、「伊藤潤二『マニアック』」の世界観を楽しんでもらい、その認知度を高めることができました。

　単にアニメの世界観を反映しただけのメタバースでは、そのアニメのファンではない人を集めることは困難です。しかし、お化け屋敷という万人が楽しめるコンテンツとして提供したことで、このアニメのファンだけではなく、純粋にお化け屋敷を楽しみたいユーザーまで取り込むことに成功しました。

　さらに、フォートナイト上でのお化け屋敷を通して『マニアック』に興味を持ったユーザーがNetflixに流れ込むことで、アニメの視聴者の新規獲得にもつながるという効果もあったでしょう。

CASE 041 GUCCIの製品を質感や光沢までリアルに再現
GUCCI

https://apps.apple.com/jp/app/gucci/id334876990?platform=vision

概要

　GUCCIはApple Vision Pro向けの公式アプリの提供を開始しました。ユーザーは、GUCCIのさまざまなコレクションやアイテムをApple Vision Pro上で体験することができます。

　この取り組みと同じタイミングに、GUCCIの新しいクリエイティブ・ディレクターであるサバト・デ・サルノ氏のデビューコレクション「Gucci Ancora」のファッションショー・ドキュメンタリーが公開されました。実は、今回の取り組みは、このドキュメンタリー公開に合わせて実施されたものです。

　Gucci Ancoraコレクションの美しさをApple Vision Proの没入感ある映像で提供し、多くのGUCCIファンを魅了しています。

ユーザーの体験価値

　ユーザーがApple Vision ProからGUCCIのアプリを起動すると、GUCCIのさまざまなコレクションを3D映像で見ることができます。Apple Vision Proが誇る4Kの高画質により、コレクションの光沢や質感まで驚くほどリアルに再現されています。

　また、360度から製品を観察したり、大きさを自由に変えたり、バッグの中を開けてみたりするなど、実物の商品を確認するのとほとんど変わらない操作ができます。

　GUCCIのファンだけでなく、GUCCIの実店舗を訪れる機会の少ないユーザーも、手軽にGUCCIのブランドを堪能することができます。

企業の投資価値

　GUCCIのような高級ブランドは、デザインや質感が重要な訴求ポイントとして挙げられますが、オンラインでは、そのような魅力を存分に届けることは困難でした。

　しかし、Apple Vision Proは、4Kのハイクオリティの映像により、実物と見間違うほどのリアリティのある映像で製品を再現することができます。これにより、デザインや質感が重要な高級ブランドでも、オンライン上でその魅力を余すところなく届けることが可能となったのです。

　このように、Apple Vision Proは、商品の細部に宿る魅力や美しさまで忠実に再現することができるため、見た目の美しさや質感が重視される高級ブランド品のような製品を取り扱う企業にとっても、その魅力をアピールする有力な手段となると思われます。

CASE 042 過去7回にわたり「バーチャルマーケット」に出店し、リアル店舗への送客に成功

BEAMS

https://www.beams.co.jp/news/3827/

概要

　カジュアル・ファッションブランドBEAMSは、世界最大のVRイベントである「バーチャルマーケット」に仮想店舗を出店し、自社ブランドのマーケティングを行っています。

　「バーチャルマーケット」とは、メタバース事業を手がけるHIKKYが主催するVRイベントで、多くの企業が認知度拡大や宣伝などの目的で出展しています。ここ数年は、毎年夏と冬に2回開催されています。

　BEAMSは、企業の出展としては最多となる過去7回にわたり参加し、バーチャルマーケット空間上にBEAMSの店舗を再現して、BEAMSの製品をデジタル化したアイテムの展示やアバターによるファッションコンテストなどのイベントを開催しています。

　そして、このイベントに参加したユーザーを実店舗に誘導し、リアルな製品の売上を増やすことにも成功しています。

ユーザーの体験価値

　バーチャルマーケットのBEAMSのブースにアクセスしたユーザーは、仮想空間に再現されたBEAMSの店舗の中で、BEAMSの世界観を堪能することができます。VRヘッドセットがなくても、PCやスマートフォンから簡単に参加できます。

　BEAMSの製品をデジタル化したアイテムやバーチャル限定のアイテムを見たり、自身のアバターに服を着せてコーディネートを楽しむなど、現実の店舗と同じような体験ができます。さらに、3D衣装の着こなしを競うバーチャルファッションコンテストやアーティストによるバーチャルライブなど、現実の店舗では体験できないイベントも楽しめます。

　普段、BEAMSの店舗に行くことのない人でも手軽にBEAMSのファッションに触れることができるよい機会となります。

企業の投資価値

　バーチャルマーケットは、世界中から100万人以上が参加し、ギネス記録にも認定された世界最大規模のVRイベントです。若者を中心に多くのユーザーが参加するため、出展企業にとっては、自社の認知度拡大や商品/サービスの宣伝を通じた売上拡大のチャンスとなります。

　現実の店舗では体験できないメタバースならではのイベントを開催することで、既存のファンとのエンゲージメントを高めるとともに、若い世代を中心に新規ファンの獲得も狙っていると考えられます。

　BEAMSは、過去7回にわたり、出展していますが、これは、バーチャルマーケットでの出展が、リアルの製品の売上拡大にもつながっているからこそのことでしょう。2024年5月には、VRChat上にもワールドを開設し、東京の街を再現した仮想空間上でバーチャルファッションの紹介などを行っています。メタバース上でのイベント開催を通じて、現実の店舗を訪れる顧客の増加、売上の拡大に成功している好例といえます。

CASE 043

メタバース上に実物のホテルを再現し予約時とのイメージ違いを防止
マリオット・インターナショナル

https://www.youtube.com/watch?v=Qx9p469sf2Y

概要

　世界最大規模のホテルチェーンであるマリオット・インターナショナルは、スペインのマドリードにあるホテルとホテル内の会議室であるカンファレンスセンターをメタバース上に再現しました。

　利用者は、PCとヘッドセットを用いてメタバース上のホテルにアクセスし、ホテルの施設内を歩き回って見学することができます。スタッフや他の宿泊客もアバター姿で登場しますし、本物のホテルのように細部までリアルに再現されていますので、まるで実際のホテルを訪れたかのようなリアルな宿泊体験を疑似的に味わうことができます。

ユーザーの体験価値

　マリオット・ホテルへの宿泊を検討しているユーザーは、VRヘッドセットを装着することで、実際に宿泊する前にホテルの様子を確認し、ホテルが自分の好みに合っているかを判断することができるわけです。特にビジネス目的で利用するユーザーにとっては、カンファレンスセンターも含めて事前に十分な下見をすることができ、失敗しないホテル選びにつながります。

　また、ユーザーの好みに合わせて会場のテーマやデザインが変更されるなど、メタバースならではの仕掛けも用意されており、実際に宿泊する予定がない人でも楽しめる空間となっています。

企業の投資価値

　メタバース上にホテルを再現し、自由に歩き回れるようにすることで、ユーザーは事前にホテルのイメージを具体的につかむことができます。写真と実際のイメージが違うのではないかというユーザーの疑念や不安を払拭し、安心して予約できるようにすることで、宿泊客の増加につながると考えられます。

　また、マリオット・ホテルのカンファレンスセンターは、ビジネス上の重要な会議や商談の場として利用されることもあります。ビジネス目的でホテルを利用するビジネスパーソンにとっては、事前に入念な下見をすることが非常に重要です。そのようなビジネスパーソンのニーズにも応えることで、観光客だけでなくビジネスパーソンのお客様にも利用してもらうことを目指していると考えられます。

　また、マリオット・ホテルのメタバース再現動画は、YouTubeでも一般公開されています。メタバースでホテルを再現するという試み自体が斬新なものであり、マリオット・ホテルの知名度向上にもつながっています。

CASE 044

本物の家にいるかのような
リアルな内覧ができるアプリ
Zillow

https://www.zillowgroup.com/news/how-to-get-the-best-out-of-the-zillow-immerse-app/

概要

　不動産マーケットプレイスを運営するZillowは、Apple Vision Proで家の内覧を行うことができるアプリ「Zillow Immerse」を公開しています。

　3Dで再現されたリアルな家の中にユーザーを招待し、本物の家を回るのと同じように、家の中を隅から隅まで内覧できます。間取図や市場価格等の情報も提供するなど、通常の内覧と同様の機能も備えていて、家にいながら手軽に内覧をすませることができるのです。

　実は、このアプリにはAIも用いられています。AIにより作成された間取りに基づいて設計されたさまざまな家の内覧をすることができ、家を買う予定がない人でも楽しむことができるコンテンツとなっています。

ユーザーの体験価値

　ユーザーがApple Vision Proを装着し、Zillowのアプリを起動すると、まるで本物の家の中にいるかのように、周り全部が家の様子を映し出した映像となります。ユーザーは、家の中を自由に歩き回り、間取りやレイアウト、インテリアなどを360度から確認することができます。

　さらに、家の中だけでなく、窓から家の外の景色まで眺めることができ、日当たりのよさを確認したり、窓からの眺めを楽しんだりすることも可能です。

　従来は、ホームツアーをするためには実際にその家がある現地まで行かなければならず、特に遠方に住むユーザーにとっては負担となっていました。Apple Vision Proであれば、自宅にいながら、本物の家を内覧するのと同等レベルのホームツアーを体験することができ、非常に便利です。

企業の投資価値

　内覧は、顧客に家を販売する上で必要不可欠なステップですが、労力や時間がかかるという問題があります。

　Apple Vision Proにより、家の外観や内部の様子を、リアルと同等のレベルで正確に再現することができるようになるため、内覧の回数を減らし、これらのコストを削減することができると考えられます。

　また、さまざまなタイプの家を一度に紹介することができるので、売却に至るまでのプロセスが短縮され、ユーザーの満足度向上や早期契約の実現などを達成することもできるでしょう。

CASE 045 醤油の醸造所をバーチャル上に再現し、こだわりを発信

キッコーマン

https://prtimes.jp/main/html/rd/p/000000014.000111509.html

概要

　キッコーマンは、2024年1月、伝統的製法による醤油づくりを行う御用醤油醸造所（御用蔵）を忠実に再現したデジタルツインを構築しました。

　このデジタルツインにアクセスしたユーザーは、醤油づくりのための設備の写真や製法の解説を目にすることができます。杉で作られた桶で発酵・熟成させる仕込み室の内部など、一般には非公開のエリアも含めて再現されました。

　さらに、単に一般向けに公開するだけでなく、蔵の設備の維持・管理や衛生管理を効率的に行うための手段としても期待されています。

ユーザーの体験価値

　御用蔵のデジタルツインにアクセスしたユーザーは、御用蔵を、その外観から内部まで、あらゆる角度から自由に見て回ることができます。興味のある箇所をズームアップして見たり、普段は立ち入ることのできない場所にもアクセスできるなど、デジタルツインだからこそ実現できる体験も可能となっています。

　また、デジタルツイン内には、醬油づくりに関する説明をまとめた資料や動画が埋め込まれており、醬油づくりの伝統的な製法や食文化をわかりやすく学ぶことができます。

企業の投資価値

　キッコーマンは、御用蔵をデジタルツイン化することで、伝統的な醬油づくりを多くの人に広めることができるようになりました。

　現実の御用蔵を見学させる場合と異なり、人数の制限や衛生管理を気にする必要がないという手軽さが何といっても大きなメリットですが、御用蔵のデジタルツイン化のメリットはこれだけではありません。

　修繕やメンテナンスの際にデジタルツイン上で寸法の計測をしたり、デジタルツインを関係者と共有することで、コストを抑えつつ効果的に御用蔵の維持・管理を行うことができるようになったのです。

　さらに、伝統的な醬油づくりをデジタルツイン上で再現し保存することによって、伝統的な技術の保全・継承を確実に行えるようにする、という重要な目的を達成することも可能になりました。

3-4

広告出稿

CASE 046　フォートナイト上の SHIBUYA109に広告を出稿
カシオ計算機

https://www.advertimes.com/20231219/article443506/

概要

　フォートナイトの紹介の項（p.39）でも触れたように、カシオ計算機は、2023年12月、自社の主力製品である「G-SHOCK」の広告をフォートナイト上に再現されたSHIBUYA109に出稿しました。

　フォートナイト上で忠実に再現されたSHIBUYA109を中心とする仮想世界の渋谷の街の中で、現実にはない非現実的な世界の中、ゲームコンテンツやメタバース広告が展開されています。

　カシオ計算機は、そのスポンサーとして今回の取り組みに協力し、その一環として、G-SHOCKの広告出稿を行ったのです。

ユーザーの体験価値

　SHIBUYA109のメタバースは、フォートナイトのユーザーであれば誰でもアクセスして、現実世界を超越した景色の広がる渋谷を舞台に、プレイヤー同士の対戦ゲームや街に施されたさまざまな仕掛けを楽しむことができます。

　現実世界では邪魔なものととらえられがちな広告も、メタバースであれば、街のリアリティを補強する要素となり、すんなりと受け入れられるでしょう。

企業の投資価値

　カシオ計算機に限らず、フォートナイトへの広告出稿はさまざまな企業によって行われています。2024年1月には、Uber Eatsの広告が掲載され話題になりました。フォートナイトのような総ユーザー数5億人を誇る巨大プラットフォームへの広告出稿は、テレビCMや現実の街での広告よりも多くの人の目に触れ、高い効果を発揮すると考えられます。広告掲載場所の制限にもとらわれず、物理的な費用もかからないため、現実世界と比べて低コストで、広告が出せます。

　現実世界の屋外広告は、その広告に興味がない人からすれば、目障りなものととらえられがちです。しかし、メタバース広告であれば、むしろリアリティを補強する重要な要素として映り、メタバースならではの仕掛けとあいまって、コンテンツの一部ととらえるユーザーも多く、ユーザーに受け入れられやすいというメリットがあります。

　カシオ計算機は、今後、メタバース広告と現実世界の広告を連動させた「デジタルツイン広告」も、SHIBUYA109に出稿していくことで、フォートナイト上で獲得した認知を現実世界での商品販売につなげていくとのことです。

3-5

営 業

CASE 047
桜満開のVR空間で
新車の発表会・試乗会を開催
日産自動車

https://www.nissan-global.com/JP/STORIES/RELEASES/nissan-goes-virtual-with-the-sakura/

概要

　日産自動車は、2021年11月から業界最大のVR SNSプラットフォーム「VRChat」に独自のワールドを開設しています。

　中でも2022年5月に開設した、「NISSAN SAKURA Driving Island」という独自のワールドは、新型軽電気自動車「日産サクラ」の発表会および試乗会で、満開の桜を背景に、まるで本物の車に乗っているかのようなリアルな試乗体験ができると話題になりました。

ユーザーの体験価値

　NISSAN SAKURA Driving Islandにアクセスしたユーザーは、自分で運転席に座って運転したり、後部座席に座ったりと、まるで本物の自動車に乗車しているかのようなリアルな試乗体験ができ、新車の特徴を立体的に理解することができました。

　さらに、運転中は、桜や海辺、紅葉、雪景色など四季折々の景色を眺めることができるなど、リアルの試乗会では味わえないメタバース空間独特の体験も提供されました。

　また、メタバース上の試乗会には、免許を持っていないユーザーも参加することができ、単に車に乗って遊んでみたいというライトユーザーも運転を楽しむことができました。このように、通常の試乗会では運転することができないユーザーも楽しめるのが、メタバースならではのメリットといえるでしょう。

企業の投資価値

　VRChatは、同時アクセス数が10万人にも達する世界最大規模のVR SNSプラットフォームです。そのようなプラットフォーム上で、試乗会イベントを開催することで、普段試乗会に足を運ばない多くのユーザーを取り込むことができます。

　近年、自動車を購入する若者はますます減ってきているといわれています。そんな中、若者に人気のメタバースをチャネルとして活用することで、若年層の消費者を取り込む狙いもあると考えられます。

　また、リアルの自動車や会場を用意する必要がないため、会場設営やスタッフの人件費等のコストの削減というメリットもあります。

CASE 048

メタバース上の展示会で工作機械の3Dモデルを再現

京セラ

https://www.kyocera.co.jp/newsroom/topics/2024/002343.html

概要

　京セラは、2022年11月、JIMTOF2022という工作機械のオフラインの展示イベント期間中に、メタバース空間上でも展示会を同時開催しました。アバターに成りすました担当者が、参加者に対して、3Dで再現された工具や実際に切削加工するアニメーションを見せながら自社製品のプレゼンを実施。視覚的なイメージを用いたわかりやすい説明を参加者に届けました。

　リアルとバーチャルのハイブリッド方式で展示会を行うことで、現地を訪れた人だけでなく、ネット上からの参加者も集め、多くのユーザーに自社の製品を宣伝することに成功しました。

　これを受けて京セラは、2023年にもレーザー製品の展示ブースをメタバースに開設するなど、同様のイベントを繰り返し実施しています。

ユーザーの体験価値

　メタバース展示会に参加したユーザーは、3Dのオブジェクトとして再現された京セラの工具や機械を、まるで実物を手に取っているかのように眺めることができ、工作機械に対する理解が深められました。

　また、立体アニメーションを通じて、工作機械の製造や加工の過程を見ることができるなど、リアルの会場よりもわかりやすく、かつ、楽しみながら、アバターのプレゼンを視聴することができました。

　言葉だけでなく、立体映像を通じた視覚的アプローチを用いた説明は、現実世界でのプレゼンよりもわかりやすい内容であったと考えられます。

企業の投資価値

　他の企業がもっぱらオフラインでの展示会のみ開催する中、京セラがリアルとメタバースの両方で展示会を開催したことは、他社と差別化した画期的な取り組みとなり、認知度拡大や顧客獲得につながったと考えられます。

　さらに、京セラは、自社が推進するカーボンニュートラルの取り組みをメタバース上でプレゼンしました。自社が伝えたいメッセージをより多くの人に届けるための場としてもメタバースを活用しており、ユーザーとの交流やエンゲージメントを高める意図も垣間見えます。

CASE 049 メタバースとAI接客員を組み合わせたバーチャルモデルルームを展開

西日本鉄道

https://metapicks.jp/2024/04/nishitetsu-metaverse-ai/

概要

　鉄道会社は、自社の鉄道の周辺の宅地開発や駅周辺の商業施設の運営など、不動産業を並行して行うことが一般的です。西日本鉄道は、2024年4月から、自社の不動産部門の営業ツールとして、メタバースとAIによる接客を組み合わせた住宅モデルルーム「AI（アイ）するすまい。照葉ザ・タワー」を公開しています。

　福岡県にある分譲マンション「照葉ザ・タワー」をメタバース上に再現し、AI接客員のチャット機能による顧客対応と組み合わせた24時間見学可能なモデルルームを提供しているのです。

　移動に時間や手間がかかるため自宅からモデルルームを見学したいというユーザーのニーズと、不動産業界全般が抱える人材不足という課題を、一気に解決するモデルルームの新しい形として、期待が高まっています。

ユーザーの体験価値

　ユーザーはパソコンやタブレットからブラウザを通してモデルルームにアクセスします。マンションのエントランスから入ると、AI接客員が応対し、モデルルームに案内されます。ユーザーは、モデルルーム内を自由に歩き回り、さまざまな角度から居室内を立体的に見ることができます。
　これにより、モデルルームの様子を360度から確認することができ、実際に現地に行かなくても、マンションのイメージをつかむことができます。

　バーチャルモデルルームは自宅からでもアクセスできるので、移動の手間が省けるだけでなく、AI接客員が24時間対応するため、時間にとらわれることもありません。いつでもどこでもモデルルームを見学することができる便利なサービスとして、多くのユーザーに手軽に利用されると期待されています。

企業の投資価値

　不動産を販売する上で、モデルルームに顧客を案内し、見学させることは必要不可欠なフェーズですが、時間的・人的労力がかかるというデメリットがあります。今回の取り組みでは、メタバースとAIを組み合わせ、自動で顧客対応ができるようになったため、モデルルームの案内にかかっていた人件費や時間を節約することに成功しました。
　また、いつでもどこでもモデルルームにアクセスできるようにしたことで、ユーザーに対するサービスの質向上や成約率の増加にもつながると考えられます。
　このように、メタバースとAIを組み合わせることで、人件費や時間を節約しつつ、顧客サービスの質向上や購買率の増加につなげることができるのです。

CASE 050 製品を3Dで再現し、自由に大きさや向きを変えられるアプリ
JigSpace

https://www.jig.space/

概要

　3DコンテンツのFB作成を手掛けているJigSpaceは、自分が制作した製品を3Dオブジェクトとして表示し、自由自在に大きさや向きを変えることができるApple Vision Pro向けのアプリを提供しています。

　3Dで表示された製品が実際に動いている様子を再現したり、手で触れて操作したりすることができるというもので、製品のデモンストレーションやプレゼンテーション、性能のテストなどさまざまな場面で活用することができます。

ユーザーの体験価値

　企業の製品開発者や販売担当者がユーザーとして想定されています。ユーザーがApple Vision Proを装着してJigSpaceのアプリを起動すると、目の前に製品のリアルな3Dオブジェクトが表示されます。

　目の前の3Dオブジェクトに手を伸ばして、実際に動かしたり、拡大・縮小したりすることで、製品の性能や完成後のイメージを確かめることができます。実際にリアルの製品を制作する前に、Vision Pro上でイメージできるので、開発の失敗リスクの低減やデザイン・設計の質の向上につながります。

　また、製品の販売担当者は、顧客に製品の魅力をプレゼンするために活用することができます。アプリのデモ映像では、飛行機のエンジンがApple Vision Pro上で再現され、エンジンが作動する様子や仕組みを説明する様子が映し出されています。言葉で説明するよりも、はるかにわかりやすく製品の魅力を伝えられることがわかります。

企業の投資価値

　Apple Vision Proは日本円で約60万円と高価であるため、当初は、おもに企業などによる活用が想定されています。JigSpaceのアプリは、ビジネス活用を想定したアプリですから、Vision Proが想定するターゲット層のニーズにマッチしたものといえます。

　飛行機のエンジンのように、実物を示すことが難しいプロダクトでも簡単に再現することができるため、製品開発やマーケティングなどの場で広く活用されることになるでしょう。

　目の前に表示された3D映像を手を使って自由に動かすことができるVision Proの機能を上手く活用したアプリといえます。

4 ECの強化

- エンタメ型ショッピング
- バーチャルお試し

近年、ECにおける顧客体験の向上や売上増加に向けた、メタバースの活用に取り組む企業が増えています。

おもな活用方法として、従来のECサイトと異なり、他ユーザーとの交流やゲーム要素などを取り入れたエンタメ型のショッピング体験を提供するものと、実店舗でしかできなかった商品のサイズ感などを詳細に確認できるようにするものの2つが挙げられます。

たとえば、化粧品通販のZOZOCOSMEは、スマホアプリ上で「ARメイク」という新機能を提供しています。ユーザーがスマホで自撮りした自分の顔に、化粧品を塗った際のイメージが表示され、まるで実店舗で鏡の前で化粧品を試しているような体験を実現しており、すでに購買率向上などの成果も上がっています。

活用する企業にとっては、メタバースを通じた楽しい買い物体験によって訴求力を強化したり、サイズ感などは実物を見て試してから買いたいという不安を解消したりすることで、既存顧客の売上増加や若者を中心とする新たな顧客獲得につなげることができます。

コロナ禍を経て、幅広い商材の消費におけるEC化が加速し、あらゆる企業にとってEC売上向上がますます重要になる中、メタバースの活用は今後さらに加速していくものと考えられます。

ここからはメタバースを活用することで、より楽しく・便利な新しい購買体験を実現している事例をご紹介します。

4-1 エンタメ型ショッピング

CASE 051　ゲームやイベントも楽しめるメタバース上の百貨店「REV WORLDS」
三越伊勢丹

概要

　三越伊勢丹は、2021年3月、メタバース上の百貨店でショッピングを楽しめるスマホアプリ「REV WORLDS」をリリースしました。新宿の街を再現した仮想空間上に伊勢丹新宿店を構築。ユーザーは、スマホからアプリをダウンロードし、オリジナルのアバターをコーディネートして仮想空間にアクセスし、ショッピングを楽しみます。

　店内には、デパ地下グルメやファッション、ギフトなどさまざまなショップが出店しており、そこで陳列されている商品は、オンラインストアでそのまま購入できます。2024年5～6月には期間限定でバーチャルファッションショーを開催するなど、定期的にイベントも開催しています。

https://www.mistore.jp/shopping/feature/shops_f3/vrinfo_sp.html

ユーザーの体験価値

　ユーザーは、自宅にいながら、実際の店舗にいるかのようなショッピング体験を味わうことができます。気に入った商品があれば、そのままオンラインストアに移行して購入することができるという便利なUI（ユーザーインターフェイス）設計も魅力の1つです。

　また、ユーザーは、伊勢丹のショッピングバッグの「マクミラン/イセタン」や「ブラックウォッチ/イセタンメンズ」の柄を使ったオリジナルアバターウェアをコーディネートして、友達と見せ合うことができるなど、おしゃれを楽しむこともできます。

　さらに、REV WORLDS上では、世界最大級のチョコレートの祭典「サロン・デュ・ショコラ」のような期間限定イベントなど、定期的にイベント・企画も開催されます。

　このようにREV WORLDSは、ユーザーに対して、買い物をすること以上の楽しみを提供しており、単なるECサービスではなくエンタメコンテンツという要素も併せ持っています。

企業の投資価値

　新型コロナウイルスの流行をきっかけに、ECで買い物をする消費者が急増したことを受け、多くの小売企業がEC販売の拡充を進めてきました。そのような中、三越伊勢丹は、メタバース空間という、単なるオンラインショッピングとは一線を画したショッピング体験を提供することで、競合が激しいEC業界において他社と差別化を図っています。

　さらに、ファッションショーや祭典など、単なる買い物以上の体験を提供することで、遊びやコミュニケーションの場としても機能しています。

　実際に物を購入できるオンラインストアへの導線もしっかりと確保されており、リアル店舗に代わる新たな販売チャネルを構築し、売上の増加を図っているのでしょう。

CASE 052 Amazonに対抗し、メタバースショッピング空間をオープン

ウォルマート

https://walmartrealm.com/

概要

　ウォルマートは、2024年5月、消費者がメタバース上で買い物ができる新サービス「Walmart Realm」をリリースしました。Walmart Realmにアクセスした消費者は、月面や海底などを再現した非日常の空間での買い物を楽しむことができます。

　現実の店舗での販売がメインだったウォルマートがメタバース上でのオンラインショッピングを開始した背景には、EC事業で驚異的に販売数を伸ばすAmazonに対抗する意図があると考えられます。

144

ユーザーの体験価値

　消費者は、アバターの姿でWalmart Realmの世界に入り、没入型のショッピングを体験します。日用品、化粧品、ファッションなどあらゆる商品が揃えられ、欲しいものがあればその場ですぐに購入することも可能です。

　また、Walmart Realmでは、月面、海底、開拓時代の米国西部など、さまざまな世界観を再現したバーチャルショップで非日常的な買い物体験をすることもできます。バーチャルショップの中には、ミニゲームで遊び、賞金を得ることができるコンテンツなど、エンタメとしての要素も詰まっていて、単なるオンラインショッピングを超えた幻想的な体験ができます。

企業の投資価値

　ウォルマートは、アメリカ全土に実店舗を展開し、日用品などを販売する大手スーパーマーケットチェーンとして、長らく不動の地位を確立していました。しかし、Amazonを筆頭とするECの台頭により実店舗を訪れる消費者が減少したことで、その盤石な地位が揺らぎ始めています。

　そのような中、Amazonに対抗すべく始めたWalmart Realmは、単なるECではなく、独特の世界観を表現した全く新しいオンラインショッピング体験を提供することで、消費者をひきつける狙いがあると考えられます。

　また、Walmart Realmに陳列された商品の多くは、日本円で数百円から数千円という手頃な値段に抑えられています。メタバースが若い世代に特に人気が高いことを踏まえて、これら若年層の消費者を獲得することを狙っているのでしょう。さらに、社内のインフルエンサーチームを動員し、SNSにWalmart Realmのコンテンツを投稿するなど、若い世代をターゲットに認知度を高めるマーケティングも行っています。

4-2

バーチャルお試し

CASE 053

靴のサイズをARで計測しサイズ違いを防ぐアプリ

NIKE

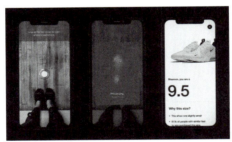

https://uncrate.com/jp/article/nike-fit/

概要

　NIKEは、2019年5月、ARを用いて、スマホで靴を試し履きできるサービスをリリースしました。ユーザーがスマホで足のサイズを計測して靴をオンライン購入することができる機能「Nike Fit」を公式アプリ「Nike app」に追加したのです。

　ユーザーが専用のスマホアプリをインストールし、自分の足にスマホをかざすと、自動で足のサイズが計測され、そのサイズに合った最適な靴がレコメンドされます。レコメンドされた靴はアプリからそのまま購入することができ、サイズ計測、靴選び、購入をスマホ1つで完結させることができるという優れものです。

ユーザーの体験価値

　ユーザーは、買った後サイズが合わないため返品せざるを得なくなるという事態を心配することなく、安心してECで靴を購入することができます。

　足のサイズの計測はほんの数秒しかかからないため、実店舗で足を計測するよりもはるかに簡単かつ短時間ですみ、とても便利です。

　実店舗で購入する場合でも、事前にアプリで足のサイズを計測しておくことで、そのデータをそのまま店員に伝え、おすすめの靴を選んでもらうことができます。これにより靴のサイズ計測という煩わしい作業が効率化・短縮化され、より便利に買い物ができます。

企業の投資価値

　靴の販売は、実物の靴を試し履きできないことからECにはなじまないといわれていました。しかし、AR技術を活用し、リアルさながらの試し履きを可能とすることで、この問題を解決し、靴のオンライン購入をさらに増やすことができると考えられます。

　また、サイズが合わなかったという心配をする必要がなくなるため、消費者のECでの靴購入への心理的ハードルが下がると考えられます。

　さらに、サイズの計測から靴選び、購入までを1つのアプリ内で完結できるようにしたことで、低コストで効率的な靴の販売が可能となっています。

CASE 054
スマホを使って自分の顔で化粧品を試せるARメイク
ZOZOCOSME

https://corp.zozo.com/news/20220405-19929/

概要

　ファッション通販大手のZOZOTOWNは、2022年4月から、スマホアプリで化粧品を試用できる「ARメイク」という新たなサービスを提供しています。

　このサービスを利用すると、カメラで撮影された自分の顔に、仮想的に化粧品を塗った場合のイメージが表示され、まるで実店舗で鏡を見ながら化粧品を試しているかのような体験をすることができます。

　すでにDIORやエスティ ローダーなど40以上の有名ブランドの2,500種類以上のアイテムがこの新サービスに対応しています。

ユーザーの体験価値

　ZOZOTOWNアプリでは、気になる化粧品の商品ページの右上のボタンをタップするだけで、3秒ほどでARメイク機能が起動します。これにより、ユーザーは簡単な操作で好みの色を探したり、メイクの濃さを調整したりと、自由自在に自分の顔で化粧品を試すことができます。

　さらに、無料で注文できる肌色計測用サングラス「ZOZOGLASS」を、スマホカメラと組み合わせて使用することで、自分の肌色にマッチする色の商品の提案を受けることもできます。

　今までは、店舗まで実際に足を運ぶ必要のあった、化粧品のお試しや自分に合った商品提案を、いつでもどこからでも手軽に受けられるようになりました。

企業の投資価値

　化粧品については、「店舗で試さずに買ってみて自分の肌色にマッチするか不安」という懸念を抱えるユーザーが少なくありません。そのため、化粧品のEC販売は、使い慣れた商品をリピート買いする場合に限って利用される傾向にありました。

　ZOZOTOWNによるARメイク機能の導入は、そのような不安を解消し、ECサイトでの販売数を増やそうとするものです。

　特にコスメ購入のEC化の進むZ世代などの若年層から好評で、すでに商品の購買率向上などの成果も上がり始めているそうです。

CASE 055 ARでメガネを試着できるアプリ

Warby Parker

https://www.warbyparker.com/app

概要

　アメリカでオンラインメガネ販売サービスを手掛けているWarby Parkerは、ユーザーがARでメガネを試着できるアプリ「Glasses by Warby Parker」を提供しています。

　メガネを購入したいユーザーが、専用のアプリを開き、自分の顔をカメラで認識させると、仮想のメガネを掛けた自分の顔が表示されます。

　ユーザーが顔の向きを変えるとそれに合わせてメガネも連動します。フレームが光を透過する様子や、光が反射する様子まで細かく再現されており、本物のメガネを試着したときと遜色ないほどクオリティの高い映像を実現しています。

ユーザーの体験価値

　ユーザーは、専用のアプリを開き、自分の顔をカメラで認識させ、仮想のメガネを掛けてみることで、実店舗を訪れなくても、購入前にメガネが似合うかどうかを確認することができます。

　実店舗でメガネを選ぶ場合と異なり、店員さんの目を気にせず、いくつでも試せますし、在庫切れにより試着ができないという問題も生じません。心置きなく、豊富な種類のメガネから自分に似合うものを選ぶことができます。

　また、このサービスにより、「購入後に実際に装着してみたら自分に似合わなかった」などという事態を未然に防ぐことができ、オンラインでも安心してメガネを購入できるようになりました。

企業の投資価値

　オンラインでのメガネ販売は、ユーザーが試着できず事前に似合うかどうかを確認できないという大きな欠点がありました。ARを活用することで、この欠点を克服し、ユーザーが安心して自分が求めるメガネをオンラインで購入できるようになります。これにより、返品率の低下や購買率の向上につながると考えられます。

　また、メガネのバーチャル試着は、店舗まで赴く必要がなく、在庫切れの心配もないため、実店舗での試着よりも便利です。そのため、今までは実店舗でメガネを購入していた人も、オンラインで購入するようになる可能性が高まるものと思われ、店舗運営のコスト削減にも役立つでしょう。

CASE 056 自社のスポーツ用品を リアルに再現し、販売
DECATHLON

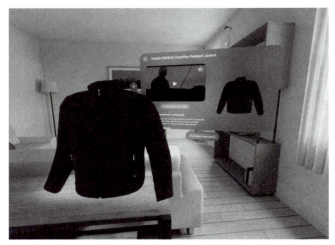

https://www.decathlon-united.media/pressfiles/decathlon-apple-visio-pro-immersive-experience

概要

　世界中でスポーツ用品の販売を手掛けているDECATHLONは、Apple Vision Pro用のアプリを開発し、Vision Pro上で、スポーツウェア、スニーカー、自転車などの自社製品の販売を開始しました。

　Apple Vision Proのユーザーは、自宅にいながら、実物のように立体的に再現されたDECATHLONの製品を見ることができ、リアルな買い物体験を味わうことができます。

　このアプリは、社内の開発チームが数か月にわたる努力の末に完成させたもので、2024年2月2日のApple Vision Proのアメリカでの発売に合わせて、満を持してリリースされました。

ユーザーの体験価値

　ユーザーがApple Vision Proを装着し、DECATHLONのサイトを訪れると、目の前の画面にDECATHLONのさまざまなスポーツ用品が表示されます。見たい製品を選択すると、その製品が立体的なオブジェクトとして目の前に現れ、まるで実物を見ているかのように360度から製品の様子を観察することができます。

　そして、ユーザーは、製品のオブジェクトを、手を使って自在に動かし、実際に使用している様子をシミュレーションすることができます。たとえば、自転車に実際にまたがってみたり、テントの中に入ってみたりするなど、本来であれば実店舗を訪れないとできないことも、自宅にいながら試すことができるのです。

企業の投資価値

　Apple Vision Proによるシームレスで没入感のある買い物体験により、買い物という行為自体も魅力的なコンテンツの1つとなります。DECATHLONとしては、Apple Vision Proの話題性とあいまって、普段はDECATHLONのブランドを使用しない新規のユーザーの獲得につなげるチャンスにもなるでしょう。

　立体的に再現された製品を見ることは、従来のVRやAR技術でも可能ですが、実際に製品を動かしてみたり、実際に使用する様子をシミュレーションしたりすることまではできません。手先の動きだけで画面上のオブジェクトを自在に操作できるというApple Vision Proだからこそ実現したサービスといえます。

　これにより、ECでの購買体験の質が格段に向上し、ユーザーの満足度向上や購買率の上昇につながることが期待されています。

CASE 057 ARによる商品試し置き機能を提供し、実店舗に近い商品確認が可能に

Amazon

https://www.amazon.co.jp/b?ie=UTF8&node=6350135051

概要

2019年5月から、Amazonは、ユーザーがスマートフォンを用いてネット上の商品をリアルの世界に試し置きできる「ARビュー」というサービスを提供しています。

ユーザーがスマートフォンのカメラを任意の場所に向けると、ARにより、対象商品が3D映像として疑似的に設置されます。

実物と同じ大きさの商品を配置できるため、家具の購入前に部屋のサイズに合うかを確かめたり、周りの家具や置物と色合いやデザインがマッチするかを検討することができるのです。

ユーザーの体験価値

　ECでは、実店舗と異なり、購入前に実物を確認できないという大きな欠点がありました。しかし、ARにより、まるで実物が自分の部屋にあるかのように商品を立体的に確認できるようになったことで、ユーザーは、購入前の商品のイメージを具体的につかむことができるようになります。

　また、部屋にある既存の家具との相性やサイズが部屋に適合するかの確認もスマホ1つで簡単に行うことができるため、実店舗を訪れるユーザーにとっても利便性が高いといえます。

　さらに、商品を試し置きしている画面は、他のユーザーにもシェアすることができるため、購入するか否かを家族や友人と相談したり、一緒に商品選びを楽しんだりすることもできます。

企業の投資価値

　EC販売においては、実際の商品を手にした消費者が、「サイト閲覧時に抱いていたイメージと違う」「大きさが合わない」などといった理由で返品するケースが多いという大きな課題がありましたが、ARを用いた商品の試し置きによってユーザーが購入後の商品をあらかじめ具体的にイメージできるようにすることで、返品率の低下につながります。

　また、ARによる試し置きにより、あたかも実物が自分の部屋にあるかのような感覚で商品を確認することができるため、事前に実物を見られないオンラインでの購入に抵抗があった消費者はもちろん、店頭で見ても、実際に自宅に置いたときのイメージがつかみにくく購入を躊躇しがちな消費者をも取り込むことができる可能性が高まるでしょう。

CASE 058　3Dのマネキンでコーディネートが楽しめるECアプリ

J.Crew

https://apps.apple.com/us/app/j-crew-virtual-closet/id6473550031

概要

　アメリカの老舗カジュアルブランドであるJ.Crewは、自社のファッションサイトをApple Vision Proからもアクセスできるように対応しました。

　ユーザーは、Vision ProからJ.Crewのファッションサイトにアクセスし、立体的に再現された服を見て、購入することができます。

　J.Crewのアプリが他のECアプリと違う大きな特徴は、目の前に3Dのマネキンが表示され、コーディネートをすることができる点です。さまざまな服を次々とマネキンに着せる映像が話題となり、多くのユーザーの注目を集めています。

ユーザーの体験価値

　ユーザーが、Apple Vision ProからJ.Crewのサイトにアクセスすると、さまざまな服や靴などのファッションアイテムが並べられたブラウザ画面と3Dのマネキンが表示されます。ユーザーがブラウザ画面上に表示された服の中から好みのものを選択すると、その服をマネキンに着せてコーディネートすることができます。

　また、ショッピング街や観光地など、さまざまなタイプの背景を設定できるようになっているので、出かける先の環境を再現した世界観の中で、TPOに応じたファッションアイテムを選ぶことができます。

　さらに、画面の共有機能を用いて、離れたところにいる家族や友人と一緒に買い物をしたり、専門のスタイリストのアドバイスを受けながら服を選んだりするなど、さまざまなオプションも用意されています。

企業の投資価値

　従来のECは、実店舗を訪れる手間を省きたいユーザーのための便利な代替手段として位置付けられることが多かったのではないでしょうか。しかし、マネキンに次から次へと異なる服を着せてコーディネートしたり、背景画像を自由に設定して、さまざまな世界観の中で服を選ぶといった体験は、もはや実店舗での体験価値を超えています。

　これにより、実店舗の代わりではなく、最初からECで買うことを目的にしたユーザーが多く集まる可能性が高まります。

　ただ、Apple Vision ProをEC販売に活用する企業は、日に日に増加しており、今後ますます競争が激しくなると考えられます。J. Crewのマネキンを用いたコーディネートやスタイリストによるアドバイスなどのように、ユーザーの注意をひきつける、他社にはないキャッチーな特徴や魅力を作れるかが重要なポイントになるでしょう。

CASE 059 StockXが実物大の靴のショーケースを再現
StockX

https://apps.apple.com/jp/app/stockx-%E3%82%B9%E3%83%8B%E3%83%BC%E3%82%AB%E3%83%BC-%E3%82%A2%E3%83%91%E3%83%AC%E3%83%AB/id881599819?platform=vision

概要

　スニーカーやストリートファッションに特化したオンラインマーケットプレイスを運営するStockXは、スマホ向けに提供していたマーケットプレイスアプリをApple Vision Proにも対応させました。アプリを起動したユーザーの目の前に、実物大の靴のショーケースが現れるという斬新なアプリデザインが話題となり、多くのユーザーをひきつけることに成功しています。

　StockXの顧客の多くは、ミレニアル世代やZ世代と呼ばれる若い世代によって占められています。Apple Vision ProのようなXRデバイスが若者を中心に人気を集めていることも、StockXアプリの拡大に拍車をかけています。

ユーザーの体験価値

　ユーザーがApple Vision Proを装着し、StockXの公式サイトにアクセスすると、目の前にたくさんの靴を並べた実物大のショーケースが表示されます。ユーザーは、その中から気になる靴を選択し、実物を手に取っているかのようにいろいろな角度から眺めることができます。

　ショーケースだけでなく、靴自体の映像のクオリティにも抜かりはありません。Apple Vision Proの4K映像により、靴の細かい模様やメッシュまで緻密に再現されており、実店舗を訪れなくても実物とほとんど変わらない状態で確認することができるのです。

企業の投資価値

　Apple Vision Pro上でECサービスを提供する企業は日に日に増加しています。そのような流れの中、StockXは、他社と差別化し話題を呼ぶために、実物大の靴のショーケースを表示させるという斬新な試みに打って出ました。現に、ショーケースが映し出される様子はSNSや動画投稿サイトでも話題となり、狙い通りの成果が得られています。

　また、目の前に表示された靴のすぐ下には、購入手続きに進めるボタンが表示されており、購入に至るまでの導線もしっかりと確保されています。
　商品の選択・閲覧から購入に至るまでのUI（ユーザーインターフェース）設計がしっかりとなされているかどうかは、Apple Vision ProでECサービスを提供する上でも、重要なポイントになると考えられます。

5 業務効率化

- 設計
- 作業補助
- 品質管理・保守
- 設備運用
- リモートワークの円滑化

業務効率化に向けたメタバースの活用は、もっともわかりやすいビジネスインパクトをもたらします。

デジタルツインやXR技術を用いてリアルとバーチャルを融合させた斬新な業務プロセスの設計により、これまでは物理的な制約によって難しかった、大幅な業務効率化が可能となります。

おもな活用方法としては、デジタルツインを用いた高度な3Dシミュレーションによる、建物の設計、設備の運用やメンテナンスの最適化、ARデバイスを作業員が着用することによる現場の作業の補助などがあり、幅広い業務が対象となります。

たとえば、自動車メーカーのフォルクスワーゲンは、イギリス各所のディーラーでの車体修理作業にARを導入しています。現場の作業員はARヘッドセットを着用し、専門家からのアドバイスや資料共有をリアルタイムで受けながら修理ができます。フォルクスワーゲンは、これにより、作業効率が9割程度向上したと発表しています。

活用する企業にとっては、建物や設備に関するコスト削減、オペレーションの効率化や、メンテナンスコストの削減などにより、収益増加につなげることができます。

ここからは、メタバースを活用することで、幅広い業務の効率化に取り組んでいる事例をご紹介します。

5-1

設計

CASE 060
メタバース上で建築物の完成イメージを共有できるシステムを開発
大成建設

概要

　大成建設は、日立コンサルティングらと協力し、メタバース空間上に建築物の完成イメージを共有できるシステムの開発に着手しています。

　建築物のデザインや構造、設備などのデータを取り込むと、わずか数分でクラウド上に仮想の建築物が構築され、建物の内部を人や車いすが問題なく移動できるかをシミュレーションで確認したり、各部屋のドアや柱などの寸法を測定したりすることができます。

　また、発注者と受注者がメタバース空間上に集まって、バーチャルの建築物を見ながら、建物利用者にとって使いやすい設計にするためにはどうしたらよいかを議論することもできます。これにより、最適な建物設計が可能となります。この取り組みは、2024年8月も継続中で、よりよいプラットフォームを開発するための試行錯誤が続けられています。

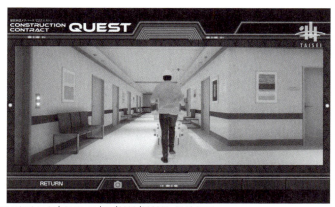

https://www.taisei.co.jp/about_us/wn/2023/230908_9642.html

企業の投資価値

　バーチャル空間上で、建築物の完成イメージを確認し、最適な設計について事前に入念なすり合わせを行うことで、作業工程の後の段階になってから設計のやり直しや工程の再調整が必要になるといった事態を未然に防ぐことができます。これにより、建築にかかる無駄なコストが削減され、建築業務全体の効率化につながります。

　また、完成後の建築物の立体的なイメージを再現し、共有することができるというメタバースならではの機能により、施工主、発注者、受注者など、さまざまな関係者が円滑にコミュニケーションをとることができます。
　さらに、メタバースであれば、対面でなくても意思疎通が可能であるため、設計のすり合わせがよりスムーズに行えます。

CASE 061 建築の全フェーズを デジタルツイン上で再現し、 最適な設計を可能に

鹿島建設

https://www.kajima.co.jp/news/press/202005/11a1-j.htm

概要

　鹿島建設は、2020年5月、国内で初めて、BIMを用いて建築の全フェーズをデジタルツインで再現することに成功したと発売しました。

　BIMというのは、Building Information Modelingの略で、コンピューター上に建物の立体モデルを再現し、建物の設計や建築のシミュレーションを行ったり、建物の維持管理を最適化したりするシステムのことです。

　これにより、建物の構造や建築状況などのデータが迅速かつ円滑に連携・共有され、建築工程を大幅に効率化できるほか、建築開始から建物の完成までを事前にシミュレーションできるため、最適な建築設計が可能となりました。

企業の投資価値

　鹿島建設は、過去には、大阪のオービック御堂筋ビル新築工事において、各フェーズの建物データの連携を可能にするBIMによるデジタルツインを構築。ビル風や気流のシミュレーションを行うことで、頑丈な建物とするための最適な設計を行うことに成功しています。

　BIMによってデジタル上で全ての施工過程が管理されることで、より頑丈で住みやすい建物の設計を考案・実現しやすくなります。これにより、建物所有者や居住者が安全かつ便利に利用できる建物を建築することが可能となります。

　また、BIM上で災害等のシミュレーションを行うことで、災害に耐えられる構造となっているかを確認することもでき、建物の安全性の向上につながります。

　さらには、デジタルツインを用いて建物を再現することで、物理的な素材を使わずに建築のシミュレーションをすることからくる、コスト面のメリットもあります。

CASE 062
建物の3Dモデルをメタバース上に再現し、設計を最適化

大和ハウス工業

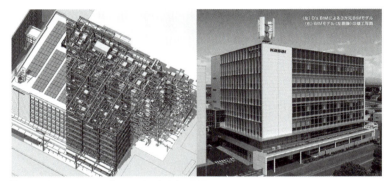

(左) D's BIMによる3次元BIMモデル
(右) BIMモデル(左画像)の竣工写真

https://www.daiwahouse.co.jp/innovation/soh/vol11/

概要

　大和ハウス工業は、2023年8月、BIMデータに基づく建物の3Dモデルをメタバース内に再現し、従業員がパソコンやVRヘッドセットなどを用いて見ることのできるシステム「D's BIM ROOM（ディーズ ビムルーム）」を開発しました。

　D's BIM ROOMを用いることで、建設予定地に建物の3Dモデルを実物大で投影することができます。実際の大きさや外観を忠実に再現・共有することで、メタバース上で建物の内装の仕上がり具合やデザイン、設備の配置を確認し、設計に活用することが可能となります。

従業員の体験価値

　大和ハウスの担当者は、住宅や商業施設などの建物を設計する際に、施主との間で設計についてすり合わせ、合意する必要があります。今までは紙の設計図面等を用意して、対面で話し合いが行われていました。しかし、D's BIM ROOMにより、この作業が大幅に効率化されます。

　担当者は、遠隔地の施工主などとともにアバターの姿でメタバース上に再現された建物にアクセスして、建物の構造やデザインを観察し、その場で施工主と最適な設計についてのすり合わせを行うなど、設計業務を効率化することができるのです。

　また、デジタル化された建材カタログから好きな建材を選ぶことで、さまざまな色合いやデザインを試し、比較検討することもできます。

　このように、施工主と対面で会わなくても、メタバース上に再現した建物を一緒に見ながら、オンライン上で合意形成をすることができるため、設計検討にかかる工数が大幅に減り、業務負担が軽減できます。

企業の投資価値

　大和ハウス工業は、2017年からBIMの活用を始めています。建築部門における設計フェーズでの活用はすでに100％完了。設計業務の効率化による生産性向上や、施工主との入念なすり合わせによる設計ミスの低減につながっています。

　今後は、施工フェーズなど、設計以外の工程にも活用を広げていくとのことですので、これにより建築に関わるあらゆるフェーズが効率化され、建築コストの削減や建築ミスの防止、建築サービスの質の向上につながることが期待できます。

　また、建築作業のデジタル化により、紙の設計図面等が不要となり、印刷代などの物理的なコストの節約にもなるでしょう。

5-2

作業補助

CASE 063
ARヘッドセットを車体修理に活用し、作業効率を9割改善
フォルクスワーゲン

https://uk.motor1.com/news/402250/vw-van-mechanics-vr-assistance/

概要

　世界的に有名な自動車メーカーであるフォルクスワーゲンは、イギリス各地に所在するディーラーの車体修理作業の効率化のために、ARヘッドセットを導入しました。

　修理現場の技術者は、ARヘッドセットを装着し、専門家と視界を共有することで、リアルタイムで専門家の助言や指示を受けながら、スムーズに修理作業を行うことができるようになりました。

従業員の体験価値

　修理現場で働く技術者は、さまざまな種類の車を修理しなければなりません。しかし、車の種類によって仕組みや構造が異なるため、修理方法も異なり、あらゆる種類の車に迅速に対応するのは熟練の技術者でも難しい作業です。特に、珍しいタイプの車の修理には相当な時間がかかってしまいます。

　ARヘッドセットを通じて専門家からリアルタイムで助言や指示を受けられるようになったことで、どのような種類の車でも迅速に適切な修理方法がとれるようになりました。試験段階での活用では、修理作業の効率が93％も改善したという結果が出ているそうです。

　また、修理作業のサポートをする専門家にとっても、遠隔で指示を出すことができるため、実際に現場に行く必要がなくなりました。

企業の投資価値

　車体の修理にかかる時間が短縮されることにより、技術者の業務効率が向上するだけでなく、顧客が車を使うことができない期間（ダウンタイム）を短縮することができ、顧客サービスの質の向上にもつながります。

　フォルクスワーゲンは、試験段階での成功を受け、ARヘッドセットの導入をイギリス国内の各修理工場に展開していくとのことです。93％も作業効率を改善できる施策を全国に展開することによる業務効率化・生産性向上のインパクトは非常に大きなものになるでしょう。

CASE 064 ARヘッドセットで複雑な製品製造プロセスを可視化

サントリー

https://www.microsoft.com/ja-jp/events/azurebase/blog/hololens-2-dynamics-365-mixed-reality-application/

概要

サントリーは、工場でのウイスキー製造の作業を効率化させるため、MicrosoftのMRゴーグルであるHoloLensとDynamics 365 Guidesを導入しました（Microsoftが、HoloLensの活用事例として2021年8月に公開）。

Dynamics 365 Guidesとは、HoloLens用のMRアプリケーションで、2つの重要な機能があります。

1つは、ユーザーの目の前に3Dのガイドを表示する機能。これにより、作業員は、常に作業方法のマニュアルを目の前に表示しながら作業ができます。

もう1つは、さまざまなガイドの使用頻度や使用時間を分析する機能。これにより、ガイドは常に作業員がより使いやすいものに改善されます。

HoloLensとDynamics 365 Guidesの活用により、工場での複雑な製造手順をスムーズに遂行することが可能になりました。

従業員の体験価値

　サントリーの工場での製造作業は、1日に50種類以上のチェックリストが必要になるなど非常に複雑です。そのため、作業手順がわからなくなるたびに手を止めてマニュアルを開かなければならず、作業の効率性が妨げられていました。

　それが、HoloLensとDynamics 365 Guidesの導入によって複雑な手順が3Dのガイドに落とし込まれました。作業員がHoloLensを装着すると、矢印や点線、手の形を模したモデルによる作業案内が表示されるようになり、新人でも簡単に作業方法がわかるようになったのです。

　これにより、新人の作業員でも、ベテラン作業員のサポートなしにHoloLensのガイドだけで作業を進められるようになりました。

企業の投資価値

　サントリーの工場での製造作業は複雑多岐にわたり、人的なミスのリスクもありましたが、HoloLensによるリアルタイムのガイド機能によって、作業員がミスをするリスクを減らすことができます。

　さらに、作業員が逐一手を止めてマニュアルを確認する必要がなくなるため、作業スピードが上がり、生産性の向上につながります。

　また、HoloLensとDynamics 365 Guidesの導入は、新人作業員の訓練も効率化します。従業員が作業方法をマスターするまでにかかる時間が最大で7割も短縮できると見込まれており、OJTにかかるコストを大幅に節約することができます。

CASE
065

複雑な変電所機器の操作をARでサポート

東北電力ネットワーク

https://www.nikkei.com/article/DGXZQOCC152ZT0V10C23A9000000/

概要

東北電力ネットワークは、2023年9月、AR技術を搭載した変電所操作支援システムを導入し、作業員の業務が効率化するかを確かめる実証実験を開始しました。

スマートグラスをかけた現場作業員が、変電所の機器に貼り付けられた二次元コードを読み込むと、機器の各部位の名称や操作の方法を説明したテキスト・矢印などの記号がARで表示されます。また、離れた場所から指示を出す別の作業員と視界を共有することで、リアルタイムで作業方法についてガイダンスを得ることもできます。

これにより作業員は、ARで表示された案内や音声指示にしたがって、スムーズに作業を進められるようになりました。

従業員の体験価値

　変電所での機器の操作はとても複雑で、通常は実際に機器を操作する作業員とその近くで指示を出す作業員の2名体制で作業を行います。

　今回の実証実験では、スマートグラスにより作業員同士が視界を共有することで、指示をする作業員が離れた場所にいても、AR表示と音声通話で的確に指示を出せることがわかりました。

　機器を操作する作業員は、スマートグラスに表示されたARによる案内と音声によるガイダンスにより、複雑な操作をスムーズに完了することに成功しました。

　また、指示を出す作業員は、実際に現場に赴く必要がなく、移動にかかる時間を短縮することができました。

企業の投資価値

　変電所の機器の操作は、一歩間違えば機器の故障による停電などにもつながりかねない慎重を要する作業です。スマートグラスを用いたAR表示と音声指示という二重の案内により、操作ミスのリスクを極限まで減らし、変電所の運転・保守業務の質向上と効率化を実現するとともに、従業員の安全を確保することもできます。

　このように、ミスが許されない複雑な現場作業において、スマートグラスを用いたARによる案内・ガイダンスは非常に有効です。スマートグラスの効果を実感した東北電力ネットワークは、全国の変電所にも導入していくとのことです。

5-3

品質管理・保守

CASE 066 メタバース上に建物を再現し、建物検査を効率化
清水建設

https://www.shimz.co.jp/company/about/news-release/2024/2023063.html

概要

　清水建設は、2024年2月、メタバース上で建物の工事完了検査ができる「メタバース検査システム」を開発したと発表しました。メタバース上に、当初の設計に基づく建物のデータと、工事が完了した実際の建物のデータが表示され、両者を見比べて、設計図や確認申請書の通りに施工できているかを、実際に現場に出向かずに確認することができるのです。

企業の投資価値

　作業員は、VRゴーグルを装着し、メタバース空間にアクセスします。画面には、建物の情報を記録したBIM（p.164参照）データと、建設現場を3Dスキャンして取得した点群データが表示されます。BIMに基づき再現された建物と実際に建設された建物との間で齟齬がある部分の色が変わることで、当初の設計とずれている部分が容易にわかるようになっています。

　これにより、従業員が実際に現場に行かなくても、建物が設計通りに完成しているかを確かめられます。現場に行くまでの移動時間を大幅に短縮することで検査業務を効率化し、生産性を高めることが可能になります。

　また、工事が完了したとはいえ、まだ安全性が十分に確認されていない現場への立ち入りには、事故などのリスクが伴います。現場に立ち入る必要がなくなれば、こうした事故を予防し、作業員の生命・身体の安全性を確保することにもつながるでしょう。

CASE 067 KLMオランダ航空が飛行機整備の事前シミュレーションを実施

KLMオランダ航空

https://www.apple.com/newsroom/2024/04/apple-vision-pro-brings-a-new-era-of-spatial-computing-to-business/

概要

　KLMオランダ航空では、飛行機の整備担当者が、機体のメンテナンスのためにApple Vision Proを活用しています。

　整備担当者は、メンテナンスを実施する前に、Apple Vision Proで機体の立体モデルを表示し、作業手順を一から順番に確認します。これにより、実際のメンテナンス作業を始める前に作業イメージを具体的にインプットすることができ、作業ミスの防止や効率化につなげる狙いです。

従業員の体験価値

　飛行機の構造は極めて複雑であり、多種多様なパーツからなります。整備担当者は、これら1つ1つのパーツの役割や配置を正確に把握し、適切に作業する必要がありますが、作業手順が複雑であるため、ミスなくメンテナンス作業を完了できるようになるには相応の時間がかかります。

　整備担当者がApple Vision Proを装着すると、目の前に飛行機のエンジンなどの部品の3Dモデルと、整備の手順を示した説明文が表示されます。整備担当者は複雑な作業を1つ1つ丁寧に確認し、具体的なイメージをつかむことができるのです。

　これにより、整備担当者はメンテナンス作業の手順を効率よく把握し、早期にスキルを習得できます。

企業の投資価値

　飛行機の整備は複雑で難しい一方で、人の命に関わる作業であり、ミスが許されません。そのため、航空会社としては、整備担当者に対して、作業方法に関する入念な説明・ガイダンスを行う責任があります。しかし、口頭や資料による説明だけでは、複雑な作業手順を正確に理解させることが難しいという問題がありました。

　KLMオランダ航空は、この問題を、Apple Vision Proを導入することによって、解決しようとしているわけです。Apple Vision Proなら、本物と変わらないリアルな飛行機の部品を高解像度で再現し、メンテナンス方法を視覚的に説明することができます。

　これにより、整備担当者に効率的・効果的にメンテナンス方法をインプットすることができ、教育・訓練にかかる労力の大幅な削減につながります。

5-4

設備運用

CASE 068
倉庫をデジタルツイン化し、ロボットの動きをシミュレーション
Amazon

https://www.nvidia.com/en-us/on-demand/session/gtcspring22-d4110/

概要

　Amazonが、物流倉庫において、在庫の運搬をロボットに行わせているのは有名な話です。が、実は、このロボットによる運搬作業を最適化・効率化するために、デジタルツインを利用していることはご存じでしょうか。

　デジタルツイン上に物流倉庫を再現。そこでロボットの動きをシミュレーションすることで、もっとも効率よく在庫を運搬できるような倉庫の設計・レイアウトを見つけ出しているのです。

企業の投資価値

　世界中に多くの顧客を抱え、毎日大量の商品を各家庭に届けているAmazonにとって、物流業務を最適化・効率化することは、事業の根幹にかかわる重要な課題です。

　この課題に対し、Amazonは、デジタルツインとロボットを巧みに活用することで、物流倉庫での業務を効率化し、サービスの質をさらに高めることに成功しました。

　デジタルツインにより配送ロボットの動きを最適化することのメリットは多岐にわたります。第一に、在庫の運搬業務にかかる時間が短縮され、配達までのスピードが向上します。これは、顧客満足度の向上、在庫運搬にかかるコストの削減などにつながります。

　次に、ロボットが障害物にぶつかるなどのエラーが発生するリスクが低減されます。これにより、商品が傷ついたり、壊れたりするリスクも低減します。

　物流倉庫の最適化は、まさに、「地球上でもっともお客さまを大切にする企業」というAmazonの理念を体現するための取り組みといえるのです。

　さらに、これまで、エラーが発生したら、人間が対処しなければなりませんでしたが、その必要がなくなるため、従業員の負担を減らすことにもつながっています。

CASE 069 デジタルツインで編み出した最適な生産ラインを即時に現実の工場に反映
BMW

https://www.press.bmwgroup.com/global/article/detail/T0329569EN/bmw-group-and-nvidia-take-virtual-factory-planning-to-the-next-level?language=en

概要

　BMWは自社の自動車製造工場をデジタルツイン上に再現し、そこで生産ラインの設計や配置を検討。完璧なシミュレーションにより迅速かつ柔軟にさまざまなモデルの車両やパーツを製造できる体制を構築しています。

　この取り組みで特に注目すべきは、作業員がモーションキャプチャー・スーツ（人間の動きをデータとして記録できるセンサーがついたスーツ）を着用してデジタル空間上で作業を行い、その動きをデータとして記録した点です。

　記録したデータはデジタル空間上の人型ロボットであるデジタルヒューマンに反映されます。人間の動きを学習したデジタルヒューマンを活用することで、現実の工場での作業員の動きを正確にシミュレーションすることが可能となっているのです。

　BMWは、2025年にオープンするデブレツェン工場で、完全に仮想空間上で計画された最初の生産をスタートするとのことです。

従業員の体験価値

　デジタルツイン上で生産体制のシミュレーションやロボットの稼働状況の把握・管理が可能になったことで、従業員が実際に工場に行く必要性が生じる場面が減り、移動にかかる負担を減らすことができます。

　また、バーチャルヒューマンを活用し、人間が作業しやすいように工場が設計されるので、作業の効率性がアップします。さらに、工場での人間の動きを緻密に予測することで、作業員が安全に作業できる設計・レイアウトに調整され、安全性も高まります。

企業の投資価値

　BMWは、40種類以上の車両モデルを提供し、車両ごとに100種類以上のオプションを用意するなど、その選択肢の豊かさとカスタマイズ性の高さが顧客にとっての大きな魅力となっています。このような魅力を維持するためには、さまざまなタイプのモデルやパーツを迅速かつ柔軟に提供できるよう、工場の生産体制を整えている必要があります。BMWは、デジタルツイン上でのシミュレーションによって生み出された最適な生産ラインを、すぐに現実の工場に反映させることで、これを実現しています。

　また、新車を発売するたびに、新たなモデルやパーツの製造に対応するべく、工場のレイアウトを変更する必要があります。こちらも、デジタルツインにより、各モデルに合わせた最適な生産ラインを素早く組み立て、新車の発売に迅速に対応できるようになりました。

　今後は、自らの判断で動くことができるAI搭載の自律型ロボットやAIによる生産データの分析によるシミュレーションの高度化など、AIを積極的に活用することで、将来的には生産計画のプロセスを現在と比較して30％効率化できるとのことです。

CASE 070 店舗をデジタルツインで可視化し、商品の配置やレイアウトを最適化

Lowe's

https://www.lowesinnovationlabs.com/projects/store-digital-twin

概要

　アメリカの住宅リフォーム・家電チェーンであるLowe'sは、自社が展開する店舗をデジタルツイン化し、顧客サービスの質の向上に役立てる取り組みを実施しています。

　デジタルツイン上で店舗や在庫を保管している倉庫を再現し、店舗を訪れる客の流れをシミュレーションして、商品の配置やレイアウトを最適化しようというものです。

　これにより、在庫量を適切に保ち、欠品や過剰在庫を防止するとともに、販売数を最大化する効果的な商品の配置を分析して、売上の増加につなげる狙いがあります。

従業員の体験価値

　店舗の商品配置や在庫管理業務に従事する店員は、ARヘッドセットを装着することで、デジタルツイン上のデータにアクセスします。デジタルツイン上で最適化された商品の配置やレイアウトをヘッドセットで確認しながら、現実の店舗の棚割を調整できるため、作業の効率が格段に高まります。

　また、このARヘッドセットは、店舗プランナーと通信でつながっています。店員が店舗のレイアウトに改善の余地があると気づいた場合には、すぐに店舗プランナーに伝達してデジタルツインに反映させることができます。

　このARヘッドセットには、X線ビジョンという機能も搭載されています。この機能を使うと、段ボール箱を実際に開けなくても、中にどのような製品が入っているかを把握することができます。これにより、棚の上の方にある段ボール箱を実際に手に取る必要がなくなり、身体にかかる負担を軽減することができます。

企業の投資価値

　「商品がもっとも売れやすくなる配置やレイアウトはどのようなものか」という点については、店員の感覚で特に合理的な根拠もなく決められることも少なくありませんでした。これに対し、デジタルツインを使えば、データに基づき実証された商品配置をもとに、店舗レイアウト・設計を、事前に調整できるようになります。

　これにより、顧客は欲しいものをすぐ見つけられますし、企業側は、効率よく顧客がもっとも商品を買いやすいよう店舗内のレイアウトを整えられます。こうして、販売数の増加、売上の向上につなげられます。

CASE 071 鉄道網をデジタルツイン化し、列車運行計画を最適化

ドイツ鉄道

https://blogs.nvidia.co.jp/2022/09/28/deutsche-bahn-railway-system-digital-twin/

概要

　ドイツ鉄道は、2022年9月、NVIDIAが提供する「NVIDIA Omniverse」を使って、鉄道網のデジタルツインを構築していることを明らかにしました。

　車両、線路、駅のプラットフォームなどにセンサーが設置され、そこから取得したデータをもとに、デジタルツイン上にリアルタイムで鉄道網の状況を再現。これにより、列車運行を正確にシミュレーションし、より多くの列車を効率的に運行できる最適な運行計画の立案が可能になりました。

乗客の体験価値

　ドイツ鉄道のデジタルツイン化は、ドイツ鉄道の乗客にさまざまなメリットをもたらします。まず、デジタルツイン上でのシミュレーションにより、正確な時間で列車が運行するようになり、利便性が向上します。鉄道網管理の効率化によりコストが削減されることで、運賃の値下げにつながる可能性もあります。

　また、デジタルツインにはAIによる異常検知機能も搭載されているため、設備に異常があればすぐに対応され、安全性も高まります。

　このように、鉄道網のデジタルツイン化により、乗客は以前よりも便利になった鉄道を、安全かつ低コストで利用できるようになるでしょう。

企業の投資価値

　ドイツ鉄道の鉄道網は西ヨーロッパでも最大規模であり、5700の駅と3万3000キロの線路から構成されています。そのため、安全かつ効率的に列車を走らせるための最適な運行計画を立案することは、これまで大変な作業でした。

　ドイツ鉄道の複雑な鉄道網をデジタルツイン上で集約的に管理することで、鉄道網の管理を効率的に行うことができるようになり、広大な鉄道網の管理にかかるコストを大幅に削減し、従業員の負担を減らすこともできています。

　また、鉄道網の状況を常に把握し、異常があればすぐに検知して対処できるため、列車の乗客や従業員の安全を確実に守ることができます。

　さらに、鉄道や列車が新設された場合には、すぐにデジタルツインに追加で反映されます。これにより、継続的な運行計画のアップデートが可能となり、列車運行サービスの質の維持・向上に役立っています。

CASE 072 工場を丸ごとデジタルツイン化し、設備の運用を最適化・効率化

川崎重工

https://youtu.be/kFIM6vPL09Y

概要

　川崎重工は、2022年5月頃から、自社の工場をデジタルツイン上に再現し、工場での生産工程をデジタル上で管理するシステムを構築する取り組みを開始しました。このシステムには、Microsoftのデジタルツイン「Azure Digital Twins」が活用されています。

　工場の各機器や設備は、IoT（モノのインターネットとも呼ばれる。さまざまなモノがインターネットに接続され、データの交換が可能となる仕組みのこと）に接続され、そこで得られたデータがデジタルツインに即時反映される仕組みとなっています。これにより、機器や設備の状態をリアルタイムで確認することができ、設備運用の効率化やトラブルの防止に役立っています。

　このように、デジタルツインやメタバース上に工場や製造設備を再現して、製造工程の管理やシミュレーションを行う取り組みは、「インダストリアルメタバース」と呼ばれており、製造業界や建設業界を中心に活用が広まっています。

従業員の体験価値

　工場の作業員は、実際に現場に行かなくてもデジタルツイン上に再現された工場で設備の状態を把握し、問題なく稼働しているかを確認することが可能となります。

　また、Azure Digital Twinsは、Mesh for Microsoft Teamsとも連携しています。これは、遠隔地にいる人々がTeamsのリモート会議システムを用いて、同じ仮想空間を共有できるサービスです。
　これにより、遠隔地にいる作業員同士が、デジタルツイン上の工場を共有し、設備の管理、保守、点検などに関する打ち合わせや情報共有が行えるのです。

企業の投資価値

　川崎重工のデジタルツインでは、工場の機械設備に設置されたIoTセンサーから取得したデータがデジタルツイン上の工場にすぐに反映されるため、設備の状態がリアルタイムで確認できます。人間が実際の現場で作業するよりも、正確かつ迅速に設備の状態のチェックができるのです。これにより、人的要因による作業ミスを防止しつつ、設備運用を効率化することができます。

　また、作業員が現場で作業する時間を減らせるため、心身の負担を減らすとともに、現場での事故のリスクを低減し、安全を確保することに役立ちます。

CASE 073 データセンターをデジタルツイン化し、管理業務を省力化

NTTコムウェア

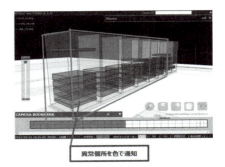

異常箇所を色で通知

https://www.nttcom.co.jp/news/pr22030701.html

概要

　NTTコムウェアは、2022年3月、NTTグループが有するIT技術を活かして、自社が保有するデータセンターのデジタルツインを構築しました。2022年秋頃から開発に着手、2023年6月に試作システムを完成させています。

　データセンターに配置したロボットを遠隔操作し、運用状況に関するデータを取得。このデータをデジタルツイン上に蓄積することで、データセンター内の状態を遠隔からも正確に把握・監視できるようにしました。

　さらに、NTTの光通信技術を用いることで、遅延の問題を生じさせることなく、リアルタイムでロボットを遠隔操作することにも成功しました。

　これにより、データセンターの管理・運用業務の効率化を実現しています。

従業員の体験価値

データセンターを管理する従業員は、遠隔でデータセンターを監視することができます。実際にデータセンターを訪れる必要がないため、移動時間がいらず、業務負担を軽減できます。

また、データセンターのロボットにはカメラが搭載されており、その映像を遠隔地からリアルタイムで閲覧できるため、データセンター内部の細かいところまで正確に把握することができます。これにより、人が現場に赴くよりも正確に管理できるようになっています。

企業の投資価値

ロボットで現場のデータを収集し、それをデジタルツインに反映させるという一連のシステムは、データセンターだけでなく、工場や倉庫など、管理・運用が必要なあらゆる施設に利用することができます。

特に、危険を伴う作業現場においては、ロボットやデジタルツインを活用し、従業員が実際に立ち入らなくてすむようにすることで、事故を防止し、従業員の安全を確保することができます。

このように、デジタルツインとロボットによる施設の管理・運用は、施設管理業務の省力化・効率化だけでなく、従業員の負担軽減・安全確保にも大きなメリットがあります。

5-5

リモートワークの円滑化

CASE 074
Zoomでアバターによる リアルな会議が可能に
Zoom

https://www.youtube.com/watch?v=J-MrgR9HGbM

概要

　コロナウイルスの流行をきっかけに、私たちの生活になくてはならないものとなったオンラインコミュニケーションツール「Zoom」。Apple Vision Proの発売に伴い、ZoomもVision Pro上で利用できるようになりました。

　Appleが開発したデジタルアバター「Persona」と連携しており、ユーザーは、自分の顔をスキャンして作ったPersonaでZoomに参加することができます。これにより顔の表情や動きを忠実に再現したリアルなアバターで会議を行うことができるのです。

ユーザーの体験価値

ユーザーは、Apple Vision ProからZoomにログインすると、自身のPersonaをアバターとして選択し、会議に参加することができます。

Personaは、顔の表情や手の動きを忠実に再現し、本物の人間とほとんど変わらないリアルな人物像を描写することができます。

これにより、相手の細かい表情やジェスチャーを見ながらの会話が可能となるため、自宅にいながらリアルのコミュニケーションと同レベルの自然な会話を行えるようになります。

今後は、Zoom参加者同士で、3Dのオブジェクトを共有できる機能も搭載されるとのことです。これにより、図やモノを用いた視覚的なコミュニケーションも容易になると考えられます。

企業の投資価値

ZoomだけでなくTeamsやWebexなど代表的なオンラインコミュニケーションツールが次々とApple Vision Proに対応しています。

本物の会議室でのコミュニケーションと変わらない自然な会話を実現できるだけでなく、複数の画面を見ながら会話ができ、3Dコンテンツを活用した視覚的なコミュニケーションも行いやすいなど、リアルの会議より優れている特徴もあります。

このため、あえてオンラインでの会議を選択するユーザーが増えていくことも考えられます。

CASE 075 バーチャルオフィスを導入し医薬情報担当者（MR）に柔軟な働き方を提供

アストラゼネカ

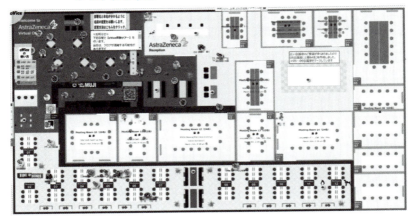

https://www.ovice.com/article/ja-usecase-astrazeneca

概要

　大手製薬会社のアストラゼネカ日本法人は、2022年秋、所属するMR（Medical Representatives＝製薬会社などの医薬情報担当者のことで、医師や薬剤師などの医療関係者に自社製品の有効性や安全性に関する情報を提供して、宣伝する）がメタバース上で働くことができる環境を構築しました。

　アストラゼネカは、全国に67か所あったMRのための営業所を廃止。メタバース上にオフィスを構築して、医師との面談も含めたほとんど全ての業務をオンラインで行える体制を整えました。

　これにより、従業員は、いつでもどこからでもメタバースオフィスにアクセスし、そこで働くことができます。この取り組みは、MRのワークライフバランスに配慮し、多様な働き方を尊重するものであり、社内外から高い評価を得ています。

従業員の体験価値

　MRは医師や薬剤師等との面談のために、頻繁に病院や薬局を訪れなければならず、それがMRにとって大きな負担となっていました。メタバースオフィスによって、医師らとの面談もオンラインでできるようになったことで、病院等へ移動する必要がなくなり、業務時間が短縮され、身体への負担も減りました。

　また、メタバースオフィスには、全国に約1,800人いるMRの同僚がアクセスしており、アバターの姿で医療現場や患者のニーズ等について情報交換を行うことができます。遠方に配属されていて普段なかなかコミュニケーションをとることができないMRとも交流しやすくなるなど、メタバースオフィスならではのメリットもあります。

企業の投資価値

　リモートワークの問題点として、社員同士のコミュニケーションの機会が減ることや従業員一人一人の働き方を把握することが困難になることがありました。メタバースオフィスであれば、社員同士がアバターの姿で気軽にコミュニケーションをとることができ、現実のオフィスよりもむしろコミュニケーションが活性化すると考えられます。

　これにより、リモートワークの問題点を克服した上で、社員に対し柔軟な働き方を提供できるようになり、離職率の低下や社員の満足度向上につながります。特に、MRは一般的に離職率が高いとされている職業であり、多くの製薬会社が人材確保に苦労しています。そのようなMRに対して、ワークライフバランスに配慮した柔軟な働き方を提供することで、貴重な人材をつなぎとめることができるでしょう。

　また、営業所を廃止したことで営業所の維持・運営にかかるコストを削減したり、MRが病院等を訪れるための交通費を削ったりなど、コスト面でのメリットもあります。

6 教育・研修

- 教育・トレーニング
- 企業研修

近年、より効率的かつ実践的な学びの場を提供すべく、メタバースの活用に取り組む教育機関や企業が増えています。

その理由は、さまざまな空間を自由に再現できる、その空間に没入しているかのような体験ができる、インタラクティブな体験ができる、などのメタバースの特徴が教育や研修と非常に相性がよいからです。

おもな活用方法として、現実世界では難しい特定のシチュエーションの再現や、ユーザーの動きと連動した実践型のプログラムなどがあります。

たとえば、小売り大手のウォルマートは、全米4700店舗にVRゴーグル「Meta Quest」を1万7000台を導入し、実践型の接客などの研修を実施しています。従業員は45種類以上のVRベースの研修プログラムを受けることができ、受講者の70％が、VR研修を利用しなかった従業員に比べ、高いパフォーマンスを発揮したとのことです。

今後、教育のICT化の加速や、企業の従業員教育への投資が重要となるなか、教育・研修へのメタバース活用はより進んでいくものと思われます。

ここからは、メタバースを活用することで、より効率的な教育や研修を実現している事例をご紹介します。

6-1

教育・トレーニング

CASE 076
メタバース上で楽しみながら実践的な英会話を練習できるサービス

Mondly

https://www.mondly.com/vr

概要

　ルーマニアに本拠を置く教育テクノロジー企業のMondlyは、メタバース上で語学レッスンを提供しています。

　空港、地下鉄、タクシー、ホテル、レストランなどさまざまなシチュエーションを仮想空間上に再現し、シチュエーションに沿って、英会話が練習できるコースを取り揃えているのです。

　英語や日本語のほか、中国語、スペイン語、フランス語、ドイツ語など30か国の言語を学習することができ、世界中のユーザーに利用されています。

ユーザーの体験価値

　ユーザーは、空港やレストランなどさまざまな場面において、没入感のある環境で、アバターとのリアルな会話を通じて、楽しみながら、効率的に、英語学習を進めることができます。

　画面には英文の字幕が表示されるため、初心者でも学習がしやすくなっていますし、発音や文法を間違えるとすぐに指摘されるなど、リアルタイムのフィードバックが受けられ、高い学習効果が得られます。

　今まで英会話練習が長続きしなかったユーザーでも、Mondlyであれば継続することができるでしょう。

　また、英語以外の言語も学習することができるため、英語をある程度マスターしたユーザーは、他のさまざまな言語に挑戦できます。

企業の投資価値

　多種多様な英語学習サービスが登場している中、多くのユーザーの支持を集めるには、楽しみながら実践的に学べるサービスを構築することが重要です。

　このような課題を解決するために、メタバースは非常に有効な手段となります。メタバースであれば、さまざまなシチュエーションをバーチャル上に再現することで実践的な練習の場を設けることができるだけでなく、ゲーム的な要素を取り入れて、楽しみながら学べるコンテンツとすることも可能だからです。

CASE 077 メタバース上で理科の実験を行えるプラットフォーム
Labstor

https://www.labster.com/blog/5-engaging-ways-to-teach-structure-and-function-of-plasma-membranes

概要

　デンマークを拠点とするテック企業Labstorは、メタバース上で理科の実験を行うことができるプラットフォーム「Labstor」を提供しています。

　Labstorは、70を超える国・地域における高校や大学で導入されており、500万人以上の学生に利用されています。日本でも、クラーク記念国際高等学校という通信制の学校が国内で初めてLabstorを導入したことで話題となりました。

　Labstorを利用すれば、普通の授業では実施することが難しい最新の研究設備を用いた実験を再現することも可能です。現実世界での実験よりも質の高いハイレベルな理科実験をサポートする強力なツールとして、大学や高校などの教育機関の間で注目されています。

生徒の体験価値

　Labstorを導入した学校の生徒は、現実の教室では実施することが難しい実験もメタバース上で体験することができます。大規模な設備を要する実験や危険な薬品を用いる実験も、物理的な制約なく安全に行うことができるのです。

　単にメタバース上で実験を再現するだけでなく、ゲーム感覚で試せるシミュレーションや本格的な実験室を再現した背景などのコンテンツも用意されています。そのため、実践的な授業で、楽しみながら学ぶことができ、学習意欲が向上し、学習効果も高まると考えられます。

教育機関の投資価値

　Labstorは、多くの学校・教育機関の理科の授業で利用されています。通常、理科の実験には実験器具や材料の準備などにコストがかかりますが、メタバース上であればすべてバーチャルで再現できるため、物理的なコストをかけずに高度な実験を行うことができます。

　このように、メタバースを活用することで、低コストで、教育の質の向上が実現できます。

CASE 078 金融取引や投資を疑似体験できる街をMinecraft上に再現
Ally Financial

https://media.ally.com/multimedia?item=20342&ajax=ajax&op=modal

概要

　アメリカの金融会社であるAlly Financialは、世界中で人気のメタバースゲーム「Minecraft」上に街を再現し、学生や生徒が楽しみながら金融を学べるコンテンツを提供しています。

　Minecraft内に、銀行や証券会社などの金融ビルが立ち並ぶ架空の街「Fintropolis」を再現。生徒は、その街の中で獲得できる仮想のお金「ゴールド」を活用して、現金や決済等の基本的な金融取引から株式等の投資、税金や職業選択の考え方などを学ぶことができます。

　Fintropolisは、Minecraftの教育用プランを通じて提供されており、授業11回分（1回あたり45分）の教材が用意されています。

生徒の体験価値

　Fintropolisでは、お金を稼いで家をアップグレードしたり、銀行口座を開設したり、投資を始めたりするなど、生徒が、自分が主人公となって金融活動を疑似体験することができます。一方的に授業を受けるのではなく、生徒一人一人が仮想の金融都市を歩き回りながら、主体的に金融に関する基礎知識を学んでいきます。

　ゲーム感覚で楽しみながら学ぶことができるため、退屈になりがちな金融の勉強に対するモチベーションも維持でき、効果的な知識のインプットが可能になるでしょう。

教育機関の投資価値

　金融に関する知識は身に付けるべき重要な基本的スキルの1つですが、正しい金融知識を教えることができる人材が少ないという問題を抱えている教育機関も少なくありません。

　また、金融の勉強はともすれば退屈になりがちで、生徒が意欲的に学習できるよう、教え方を工夫しなければなりません。

　Fintropolisはこのような教育機関が抱える悩みを解決します。

　Minecraftは、月間アクティブユーザー数が1億人を超え、若い世代を中心に大きな人気を集めているメタバースゲームです。このような人気ゲームを学習教材として用いることで、生徒の興味関心をひき、学習へのモチベーションを高めることが期待できます。

　また、金融について体系的に学べるように構成されているため、教師が自ら教える必要がなく、教師の負担の軽減にもつながります。

CASE 079
博物館をバーチャル化し、倉庫に眠っていた収蔵品も展示可能に
スコットランド国立博物館

https://www.gla.ac.uk/news/headline_1012014_en.html

概要

　博物館や美術館は、陳列場所の制約などの理由から、全ての所蔵品を展示できるわけではありません。しかし、メタバース空間であればこれが可能となります。これを実現しようとしているのが、スコットランド国立博物館。イギリスのグラスゴー大学と、VR教育サービスを提供するedifyという企業と協力して、2023年10月から、メタバース空間上で博物館を再現する取り組みを開始しています。

　この取り組みでは、スコットランドの歴史、文化、民族などにまつわるさまざまな展示をメタバース空間上で行う「バーチャル博物館」を構築することを目指しています。イギリス政府の研究開発振興プログラムとして公に認められ、政府から560万ポンド（約10億円）の支援を受けているとのことです。

ユーザーの体験価値

　バーチャル博物館では、現実の博物館と異なり、展示スペースの制約を気にせず、多くの収蔵品を展示することが可能となります。これにより、バーチャル博物館を訪れた人は、リアルの博物館では見ることができない収蔵品も見ることができるようになるでしょう。また、距離や費用の面からリアルの博物館へアクセスできなかった人も、自宅から簡単にアクセスすることができます。

　また、博物館のキュレーター（学芸員）は、収蔵品の配置を自由に変更することができます。定期的に配置を変えたり、ストーリー性を持たせた並べ方に変えることで、来館者を楽しませることができるのです。

企業の投資価値

　グラスゴー大学によれば、博物館の収蔵品の中で、実際に展示されているのは全体の10%未満に過ぎないとのことです。その理由としては、展示スペースに限界があることや、一部の収蔵品は人の目に触れるところで保管すると傷ついたり劣化したりするおそれがあることが挙げられます。

　しかし、メタバース空間であれば、これらの制約を気にする必要はありません。物理的な広さの制約がないメタバース空間においては、より多くの収蔵品を展示することが可能となります。また、収蔵品の保管状態のケアは、博物館の職員にとって重要かつ手間のかかる業務でしたが、バーチャル空間ではその必要がなくなり、管理コストを削減することができます。

　さらに、バーチャル博物館は、今まで現地を訪れることが難しかった遠方に住む人々にもアクセスの機会を提供します。さらに、博物館にあまり関心のない人でも、パソコンから手軽にアクセスできるバーチャル博物館であれば来館してくれる可能性も高まるでしょう。その結果、より多くの来館者を得ることが期待できます。

CASE 080 本物のピアノがなくても ARでピアノ練習が可能に
PianoVision

https://www.pianovision.com/

概要

2022年8月、PianoVisionは、メタバース上でピアノの練習をすることができるアプリをリリースしました。

MetaによるVRゴーグル「Meta Quest」と連携しており、ユーザーがMeta Questを装着すると目の前に仮想のピアノの鍵盤が現れます。ユーザーは、目の前に映し出された仮想の譜面を見ながら、感覚的に鍵盤を叩くことで演奏を楽しめます。

また、「Real Piano Keybord」というモードを使用すると、実際のピアノとバーチャルのピアノを連動させることができます。現実の鍵盤の上に仮想の譜面や音階が表示され、現実世界でのピアノの演奏をサポートします。

ユーザーの体験価値

　PianoVisionでは、鍵盤上に音階が表示されたり、叩くべき鍵盤にマーキングが表示されたりするなど、ピアノ初心者の上達を助けるサポート機能が多数用意されています。これにより、実際のピアノで練習するよりも効率的にピアノの練習をすることができます。

　また、家にピアノを用意したり、ピアノのレッスンに通ったりせずに、簡単かつ低コストでピアノの練習をすることができるため、ピアノ練習へのハードルが大きく下がります。

　さらに単なるピアノの練習だけでなく、バーチャル背景やオリジナル曲の練習、マルチプレイなど、さまざまな楽しみ要素が搭載されており、ピアノ自体にはあまり関心のないユーザーも、エンタメコンテンツとして楽しむことができるような設計になっています。

企業の投資価値

　楽器の練習ができるサービスは以前から存在していましたが、実際の楽器が手元にある人を対象にしたものがほとんどでした。そのため、楽器を持っていない人がこのようなサービスを利用することはありませんでした。

　PianoVisionが、他の楽器練習サービスと大きく違うところは、VRやARにより、実際の楽器がなくても楽器の練習や演奏を楽しめるコンテンツとした点です。ピアノを持っていない初心者でも利用可能としたことで、多くのユーザーにリーチすることができました。

　このように、ARやVRによって物理的な制約を取り除くことで、今まではターゲットに入らなかった層に対しても、サービスを利用してもらえる機会を創り出すことができます。

CASE 081 VRゴーグルを用いた サッカートレーニング 体験イベントを開催

川崎フロンターレ

https://www.frontale.co.jp/info/2023/0522_15.html

概要

　Jリーグの川崎フロンターレは、2023年5月28日、試合前のイベントスペースで、サッカートレーニング用VR「REZZIL」を用いたサッカーの体験会をこの日限りの単発イベントとして実施しました。

　REZZILは、意思決定力や瞬発力といった重要な認知スキルをメタバース上で鍛えることができるトレーニングツールで、マンチェスター・シティやアーセナルなど海外の名門サッカーチームにも導入されています。

　イベント当日は多くの子供たちが集まり、VRでのサッカー練習という貴重な体験を味わいました。

ユーザーの体験価値

　イベントの参加者は、VRによるサッカートレーニングという普段の練習では体験できない最新テクノロジーによる独特な練習を経験することができました。

　イベントでは、シュートの正確性を試すVRキックターゲットという有料のゲームも行われ、ゲームの結果によって選手のサイン入りグッズなどがもらえるなど、選手との新たな形での交流を楽しむことができました。

　また、普段あまりスポーツをしない参加者でも、VRゴーグルのような最新技術に興味を持つ人は多く、VRを通じてスポーツに触れる貴重な機会となりました。

企業の投資価値

　REZZILは、世界中のサッカークラブで選手のトレーニングに使用されているVRトレーニングシステムで、もともと川崎フロンターレが運営するフットサル施設に通うスクールの生徒のトレーニング用に導入されたものでした。普段の練習では難しい認知機能を効果的に鍛えることができるなど、選手の実力向上に大いに役立っています。

　一方で、VRゴーグルの導入には一定のコストがかかります。VRゴーグルの体験会というイベントを開催したのは、有料のゲームを実施して収益を上げることで、VRゴーグルの導入にかかったコストを埋め合わせるためでもありました。

　結果として、このイベントをきっかけにサッカーにあまり興味のない参加者の関心も引くことができ、新たなファンの獲得という成果を上げることができました。

6-2 企業研修

CASE 082

メタバース上に
熟練作業員の動きを再現し、
技術の効果的な継承へ

日立製作所

概要

　日立製作所は、2023年9月のニュースリリースで、メタバースを活用して、熟練の作業員が新人作業員に対して、工場での作業を遠隔指導できるシステムを開発したことを発表しました。

　このシステムでは、工場の天井や壁面に設置されたカメラやセンサーから取得したデータをもとに、メタバース上に工場が再現されています。
　熟練の作業員がこのメタバース上で作業を実施すると、その様子を映した映像がリアルの工場の設備に投影されます。作業員はその映像を参考にしながら、現場作業に取り組むことができます。
　日立製作所が有する最先端のセンシング技術とVRを取り入れることで実現したシステムであり、あらゆる工場や作業現場での活用が期待されています。

従業員の体験価値

　作業員は、熟練の作業員の手業を見ながら、その場で作業を実施することができます。新人作業員も「手を動かしながら学ぶ」ことで、これまでより短い時間で、技術が習得でき、仕事へのモチベーションや達成感も高まります。

　また、工場での作業には危険を伴うものも多いのですが、熟練の作業員が作業している様子をその場で逐次確認することにより、ミスによるけがや事故を防ぐことができ、自己の身体の安全を確保することにもつながると考えられます。

企業の投資価値

　メタバース上での熟練作業員の作業の再現により、技術の効果的な継承ができるというのは、あらゆる製造・建設業界の企業が人材不足に頭を悩ませているなか、非常に貴重です。

　日立製作所は、自社の工場に限らず、他社の工場にもこのシステムを提供することを検討しています。同じような悩みを抱える企業に有料でシステムを提供することで、それもまた、マネタイズの機会となることでしょう。

CASE 083 VRで接客シチュエーションを再現し、従業員のトレーニングに活用

ウォルマート

https://www.youtube.com/watch?v=7E2Vxee0wLo

概要

　アメリカの大手スーパーマーケットチェーンであるウォルマートは、従業員の接客トレーニングにVRを導入しています。

　VRスタートアップのSTRIVR Labsが開発したVRコンテンツを活用して、大勢の客が訪れているシチュエーションの店舗を360度映像で再現。従業員にVRゴーグルを装着させて、接客の練習を実施しているのです。ブラックフライデーなどの販売イベント時には、大勢の客に対応しなければならなくなるため、そのための研修・訓練として役立てています。

　この研修を行うために、ウォルマートは、Metaが提供するVRヘッドセット「Meta Quest」を1万7000台、約4700店舗に準備するなど大規模な投資を行いました。VRを活用した実践的な研修に本腰を入れていることが窺えます。

従業員の体験価値

　従業員の接客能力の育成について、従来の講義形式の研修では、実際の接客現場を上手くイメージすることが難しく、現場で経験を積むことで、徐々にコツをつかんで上達していくしかありませんでした。

　しかし、VR技術を用いた仮想空間上であれば、実際の店舗で接客をしているのと同じくらいリアルな環境で接客の練習をすることができます。本物の来店客と対峙する前に、十分な経験を積むことが可能となります。

　ウォルマートは、従業員の研修用に45以上のプログラムを用意しています。従業員は、多様な来店客を相手に、さまざまなシチュエーションに対応するための訓練を積むことができます。

企業の投資価値

　企業側は、従業員に対し、VR上でのリアルな接客の研修環境を提供することで、従業員の接客スキルを向上させ、現場の店舗での顧客対応の質を向上させることができます。現に、VRを使ってトレーニングを行った従業員の7割は、VRを使わなかった従業員と比べて高いパフォーマンスを発揮したという結果も出ています。質の高い接客は、顧客に好印象を抱かせ、購買へとつなぐ重要な要素となるため、このメリットは非常に大きいといえます。

　また、従業員は、VRヘッドセットを装着することで、接客の自習をすることができます。これにより、研修にかかる教育コストや時間を削減することができ、効率的・効果的なトレーニングが可能となっています。

CASE 084

建設現場の足場の組立・解体の練習プログラムをメタバース上で提供

杉孝

足場機材を2段目にいる受講者に渡す　⇒　受け取る側の受講者はこの様に見えている

https://prtimes.jp/main/html/rd/p/000000004.000083099.html

概要

　建設現場における足場や仮設機材のレンタル事業を手掛けている株式会社杉孝は、2024年3月、メタバース上で足場の組立や解体を体験することができる教育コンテンツ「メタバース体感教育」を開発しました。おもに建設業界の企業を対象に、足場組立・解体をレクチャーする研修サービスで、新入社員、足場作業を行う新人のとび職人、現場監督者などが対象です。

　足場の安全についての専門家である杉孝の講師と受講者が、Metaが提供するVRヘッドセット「MetaQuest 3」を同時に装着。VR空間上で、講師が受講者に対して足場の組立や解体のやり方をレクチャーします。最大6人まで同時接続でき、受講時間は1回当たり最大2時間となっています。

従業員の体験価値

　受講者である従業員は、足場機材の形状や仕組み、組立・解体手順などを学習できるほか、高所からの落下を体感するなど、危険な事態を想定したシミュレーションも体験することができます。また、墜落制止用器具の正しい使用方法など、身体の安全を守るために必要不可欠な知識を身に付けることもできます。足場の上での危険を伴う現場作業をメタバースという安全な空間でシミュレーション体験することができるわけです。

　また、現地に赴くのが難しい人でも容易に受講できる点も大きなメリットとなっています。

企業の投資価値

　足場での作業は危険を伴うため、建設業界の企業としては、従業員に十分な訓練や練習の機会を与えることが極めて重要です。しかし、訓練には時間的・人的労力がかかるほか、正しい知識を教えることができる人材が不足している企業も多いというのが現状です。

　これに対し、杉孝のサービスを利用すれば、専門の講師による正しい知識のインプットと実践的な訓練の機会を従業員に提供することができます。

　これにより、従業員に足場作業という高度な技術を身に付けさせることで、社内の人材強化、ひいては建設サービスの質向上につなげていくことができます。今後、導入企業がますます増えていくものと思われます。

CASE 085
メタバース上に火災現場を再現し、リアルな避難訓練を実施
大成建設

https://www.taisei.co.jp/about_us/wn/2024/240205_9870.html

概要

　大成建設は、2024年2月、火災時の避難行動をVR上で体験し、複数の人が同時に学べるシステム「T-Meta JINRYU（ティーメタジンリュウ）」を開発しました。ユーザーは、各建物における防火設備の有無や人流などを設定して、火災を疑似体験することができます。

　このシステムでは、メタバース空間上に火災発生直後の複合ビルのワンフロアが再現されます。ユーザーは、VRヘッドセットを装着し、仮想の火災現場において、ビルの出口を目指してメタバース空間内を移動します。

　VR空間で、3Dの災害現場を再現することで、現実の災害を想定したリアルな訓練が可能となり、従業員の防災意識の向上や防災知識の習得に役立っています。

ユーザーの体験価値

　T-Meta JINRYUを導入した企業の従業員は、まるで実際の火災現場にいるかのようなリアリティと緊張感をもって訓練に臨むことができます。そして、実施後には、自分の動きを検証することで改善に役立てることもできるため、現実の火災に備えた確かな防災力を身に付けることができるという点も重要なポイントです。

　また、T-Meta JINRYUは同時に4人が体験できるため、互いに声を掛け合ったり、逃げ遅れている人に避難を促すなど、実際の火災時にも起こりうるコミュニケーションをシミュレーションすることもできます。
　さらに、車いすの利用者や介助者の視点から火災を体験することもできるなど、あらゆる立場の人に寄り添った訓練を実施できる点も大きなメリットとなっています。

企業の投資価値

　VRでの火災体験を通して、避難の妨げになるような設備や柱などを洗い出すことができ、建物の設計の見直し・改善につなげることができます。
　また、VR上で避難するユーザーの動きを観察することで、最適な避難計画の策定や正確な災害リスク評価も可能となります。これにより、人々が安心・安全に利用できる建物を建築することができるようになります。
　大成建設の開発担当者は、「今後、地震や豪雨なども想定したシステムを開発したい」と述べています。VRによりあらゆる災害をリアルに再現できるようになったことで、災害時に人々の安全を守る建物の建築が可能になりつつあるのです。

CASE 086 建設や工場での現場作業をガイドするARアプリ「Resolve」

Resolve

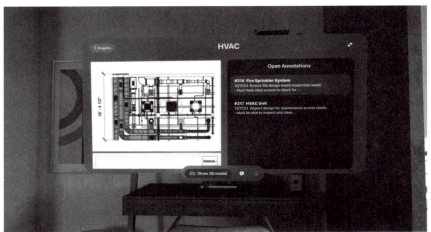

https://apps.apple.com/us/app/resolve-spatial-bim-app/id6476718767

概要

　Resolveは、Apple Vision Proの典型的なユースケースの1つとしてAppleが公式に発表している注目の企業向けアプリで、建設現場作業支援ツールを数多く提供している同名の企業Resolveによって提供された、建設現場や工場などでの現場作業に従事する作業員のためのアプリです。

　Apple Vision Pro上に作業のチュートリアルを表示することで、作業員が両手を空けたままの状態で、チュートリアルを見ながら現場作業に従事することができます。

216

従業員の体験価値

　建設現場や工場などで作業に従事する作業員が、Apple Vision Proを装着してResolveを起動すると、目の前に作業方法を説明したチュートリアルや設備の図面が表示されます。

　Apple Vision Proはコントローラーを持たず、視線と手の動きだけで操作することができるため、作業員は、Vision Proの表示を見ながら両手を使って作業を行うことができます。

　没入感を抑えてリアルの現場作業のアシスタントとして活用することもできれば、没入感を高めて現実にはない建物の再現・確認に活用することもできるなど、幅広いニーズに対応しています。

企業の投資価値

　Resolveを導入すれば、新人の作業員でもVision Proのチュートリアルを見ながら一人で作業をすることが可能になります。これにより、新人従業員の教育や訓練にかかる人的・時間的コストを削減することができます。

　さらに、Resolveには、これから完成させる建物をバーチャル空間上に再現するBIM（Building Information Modeling）という機能も備えられています。何もない空間に、実物大の建物のモデルを表示させ、建築のシミュレーションをして、最適な建物の設計ができるのです。

7 社会課題解決

- 研究開発
- 都市開発
- 医療

これまで、ビジネスの現場を中心とした事例をご紹介してきましたが、社会課題の解決にもメタバースの活用は有効な手段の1つです。

デジタルツイン上での特定の状況の再現・シミュレーションにより、計画の実効性・実現性を事前に把握することが可能となり、コストを抑えつつ、社会課題解決に資する施策を遂行できるようになります。

おもな活用方法として、現実世界の都市をデジタルツイン上に再現して最適な都市の設計に活かしたり、現実では実証困難な研究を行ったりと、データに裏付けられた有効性のある施策・研究の実施が可能となります。

たとえば、国土交通省は、日本全国の都市をデジタルツイン化する「Project PLATEAU」という取り組みを行っています。洪水が発生したときの浸水状況をシミュレーションして防災対策に活かしたり、車の流れを分析して渋滞が起こらないような道路網を設計したりするなど、さまざまな社会課題の解決に役立てているのです。

今後ますます複雑化する社会において、現実世界を忠実に再現できるメタバースやデジタルツインの技術は、あらゆる社会課題の解決に貢献すると考えられます。

ここからは、メタバースを活用することで、さまざまな社会課題の解決に取り組んでいる事例をご紹介します。

7-1

研究開発

CASE 087
核融合発電の実現に向け、デジタルツイン上に発電所を構築
英国原子力公社

https://blogs.nvidia.co.jp/2022/06/01/ukaea-digital-twins-omniverse/

概要

英国原子力公社（UKAEA）は、2022年10月頃から、デジタルツインを活用し、核融合型発電所のプロトタイプの開発に挑戦しています。アメリカのIT企業であるDell TechnologiesやIntel、ケンブリッジ大学も参画した一大プロジェクトであり、核融合発電の実用化を目指しています。

公社の投資価値

　核融合発電は、太陽の内部で起きている現象を人工的に再現し、電力を生み出す発電方法です。大量のエネルギーを生み出せる可能性を秘めている一方で、太陽と同じ状態を作り出すためには、高い技術と丈夫な材料が必要となり、実用化が難しい技術の1つとなっています。

　UKAEAでは、物理、建築、デザインなどさまざまな分野のエキスパートがデジタルツイン上に集まり、リアルタイムで協力しながら発電所の3Dデザインを進めています。遠隔地にいながら、同じ発電所の3Dモデルを共有して円滑にコミュニケーションをとることができ、研究・開発の効率化に役立っています。

　UKAEAは、2023年6月28日には、スーパーコンピューティングやAIなどの最新デジタル技術も駆使してデジタルツインによる核融合発電施設のプロトタイプ開発をさらに進展させることを発表、2040年代までに核融合発電を実用化することを目指しています。

　核融合発電の実験には、高額な設備や開発・検証の繰り返しが必要となります。そのためには、莫大なコストがかかることに加え、大量のエネルギーが放出されるので身体への安全も考慮しなければなりません。これに対し、デジタルツイン上で核融合発電の実験・シミュレーションを行えば、高額な設備や原材料は必要ありません。これにより、低コストで開発・検証のサイクルを素早く回すことができます。

　また、デジタルツイン上であれば、発電の過程で発生し得る有害物質にさらされたり、万が一の爆発に巻き込まれるおそれもなく、安全に実験を行うことができます。

CASE 088
メタバース上に火星を再現し、研究や船外活動訓練に活用
NASA

https://mars.nasa.gov/news/8374/mars-virtual-reality-software-wins-nasa-award/

概要

アメリカ航空宇宙局（NASA）は、2023年6月24日、過去に実施した火星探査から取得した画像データをもとにメタバース上に火星を再現していることを発表しました。これにより、NASAの職員や宇宙飛行士は、本物の火星と同じような環境で研究や訓練ができます。

宇宙探査で得られる画像データは、パノラマ写真などの平面画像が一般的で、観察できる部分が限定されるため、厳密な研究やリアリティのある訓練を行うには限界がありました。

このような限界を打破するため、NASAの研究所「Jet Propulsion Laboratory」が立ち上げられ、火星のパノラマ写真から、火星での空間を立体的に再現したメタバースを構築し、VRヘッドセットで体験できるようにしました。

研究員の体験価値

　NASAで火星を研究する職員は、火星の地形や環境を具体的に把握できるようになったことで、火星での生活をより精密にシミュレーションしたり、火星探査機の設計を最適化することが可能となりました。

　これにより、平面の画像の観察だけでは獲得できなかった新たな気づきやアイデアが生まれ、宇宙研究のさらなる発展に役立てられています。

　一方で宇宙飛行士は、メタバース上の火星にアクセスすることで、リアルに近い環境での訓練が可能となります。火星での生活を疑似体験できることで、頭の中で考えるだけでは想像すらできなかった思わぬトラブルや不都合にも気づくことができ、訓練の質が格段に高まり、任務の成功確率も高まります。

　また、火星という未知の星に行く前に、疑似的にシミュレーションすることは、宇宙飛行士の不安を軽減し、精神的安定性を保つのにも有効です。

NASAの投資価値

　火星探査はNASAが取り組んでいる多くのプロジェクトの中でももっとも重要なプロジェクトの1つです。メタバース上に火星を再現し、今までよりもさらに解像度の高い実験や訓練が可能となることで、人類の火星到達という目標に大きく近づくきっかけとなるでしょう。

　たとえば、火星の実際の地形に基づく火星探査機の設計の最適化は、探査の失敗及びそれに伴う時間的・金銭的なコストの軽減につながります。

　火星などの宇宙空間は、現実世界では再現することができません。空間をバーチャル空間に再現するにあたって、メタバースという手段は非常に有効といえるでしょう。

CASE 089 海洋を再現したデジタルツインにより環境保全策の事前検証を可能に

富士通

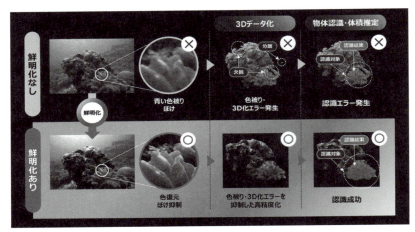

https://pr.fujitsu.com/jp/news/2024/03/26.html

概要

　富士通は、2024年3月、海洋の状態をデジタルツイン上に再現し、海洋の環境分析や生物保全の施策に役立てる試みを開始したと発表しました。

　AIを搭載した無人潜水機を用いて海中の生物や構造物の形状データを取得。これをもとに海中の様子をデジタルツインで高精度に再現します。

　構築した海洋デジタルツインは、環境保全に取り組む企業や自治体が、地球温暖化対策や生物多様性の保全施策を実施するための事前検証に活用していく予定です。

　海洋という人間の活動が制限された環境も正確に再現することができるデジタルツインの特性を活かした事例として参考になります。

企業の投資価値

　水産資源や海洋生物の保全に取り組んでいる企業や自治体は、海洋デジタルツインを用いることで、検討中の環境保全施策のシミュレーションを行い、その効果を事前に確かめることができます。

　環境保全に関する施策は、一度実行すると元に戻すことができない自然環境を相手にするため、失敗したときのリスクが大きいものです。そのため、事前にシミュレーションを行い、効果を確かめることができるメリットは非常に大きいといえます。

　また、富士通は現在、二酸化炭素の吸収に大きな役割を果たしている海藻の3次元データの取得に取り組んでいます。海藻の分布状況などのデータをデジタルツイン上に再現できれば、ある保全施策を実行した場合にどれくらいの二酸化炭素が吸収されるかを計算することができるようになり、各企業の地球温暖化対策にも大いに役立つでしょう。

7-2 都市開発

CASE 090　あらゆるモノをインターネットで接続した未来都市「Woven City」
トヨタ

概要

　Woven City（ウーブン シティ）とは、2021年からトヨタが建設を進めている未来都市です。東京ドーム15個分の面積を持つ静岡県裾野市の工場跡地を活用し、自動運転やIoTなどさまざまな最先端技術を取り入れた未来型の都市の建設を目指しています。

　自動車、住宅、ロボットなどあらゆるモノをインターネットに接続することで、人流や物流を最適化したり、自動運転や自動配達を可能にするなど、人々の暮らしをより便利で豊かにする都市を形成するという構想です。

　このWoven Cityの開発にあたり、デジタルツインを活用する試みがなされています。実際に建築を始める前にデジタル空間上で何度もシミュレーションを行うことで、最適な都市設計が可能となります。

　2025年には、トヨタの関係者360名程度が試験的に居住する予定とのことです。

https://www.woven-city.global/jpn/

企業の投資価値

トヨタは、Woven Cityの実現のため、デジタルツインの活用を試みています。

自動車、住宅、道路など街中にあるあらゆるモノをインターネットに接続し、収集したデータをリアルタイムにデジタルツイン上に再現します。これにより、現実世界で試したい新たな技術の実装をデジタル空間上で事前にシミュレーションし、フィードバックを得ることができます。このフィードバックに基づき計画・設計を改良することで、計画の失敗を防ぎ、効率的な建設・開発が可能となります。

デジタルツインの活用方法はこれだけではありません。Woven Cityの道路や車を再現することで、交通事故リスクを可視化し、安全な道路設計に活かすこともできます。また、交通状況のシミュレーションにより物流のルートを最適化したり、自動運転車を走行させて潜在的なリスクを特定するなど、現実世界では試せないこともデジタルツイン上では実現可能です。

CASE 091
日本全国の都市の デジタルツイン化プロジェクト 「PLATEAU」
国土交通省

https://www.mlit.go.jp/plateau/

概要

　国土交通省は、2020年度から、「Project PLATEAU」という都市のデジタルツイン化の取り組みを開始しました。日本全国の都市を3Dモデルとしてデジタルツイン上に再現・整備し、オープンデータとして一般公開するプロジェクトです。地方自治体や民間企業を巻き込みながら、3D都市モデルを構築するためのデータ整備や社会課題を解決するための活用方法の検討に取り組んでいます。

　これまで多くの企業や自治体により、まちづくり、災害対策シミュレーション、XRコンテンツ開発、観光PR、インフラ管理など、さまざまな形で活用され、社会や地域の課題解決や企業の新規サービスの創出に貢献しています。

ユーザーの体験価値

　Project PLATEAUにより再現された3D都市は、地方自治体や企業などがおもなユーザーとして想定されています。その活用方法は多岐にわたりますが、中でも災害対策のための活用が注目を集めています。たとえば、洪水が発生したときの浸水状況をより具体的にイメージできるようになります。

　通常の2Dのハザードマップは2次元の地形図に洪水浸水域を重ね合わせて作成されているだけですが、PLATEAUでは、全国48都市の浸水想定区域のマップを3D都市モデルに重ね合わせてデジタルツインとして再現することで、河川氾濫時に危険となる箇所や避難場所までのルートなどが立体的に表現され、視覚的に理解しやすくなります。災害時に街がどのくらい浸水するかが一目でわかり、子どもから高齢者まで、適切な避難方法を具体的にイメージできるのです。

国土交通省の投資価値

　国土交通省は、Project PLATEAUを通じて、まちづくりのDXを推進し、災害対策だけでなく、社会や地域のさまざまな課題の解決に貢献することを目指しています。

　2024年度は実証フェーズを超え、本格的な社会実装のフェーズに入り、6月には各領域のクリエイターやエンジニアを募って、3D都市モデルを活用した開発コンテスト「PLATEAU AWARD 2024」のプレエントリーを開始しています。

　都市のデジタルツインは、オープンデータとして提供することで、誰もが簡単に3D都市モデルを利用することができます。これを用いて企業による新たなイノベーションの創出や地方自治体の行政サービスの質向上など、経済の発展や地域の活性化が期待されます。

CASE 092

デジタルツインで駅周辺の人流を予測し、地域活性化を促進

小田急電鉄

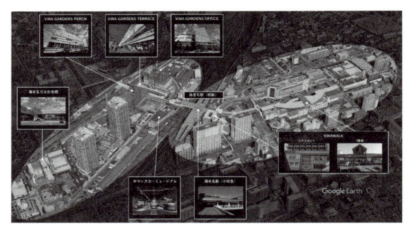

https://monoist.itmedia.co.jp/mn/articles/2301/19/news079.html

概要

　小田急電鉄は、2021年4月から、小田急小田原線の海老名駅周辺の一部の商業施設の人流予測にデジタルツインを活用する実証実験を、東京大学とソフトバンクの協力のもとで開始しました。デジタルツイン上に海老名駅とその周辺のエリアを再現。交通状況や乗客の行動履歴などのデータをAIに分析させることで、人流を予測・シミュレーションします。これをもとに、乗客のスマートフォンアプリに列車の出発時刻などの情報を通知したり、近くの店舗のクーポンを発行することで、混雑を回避しつつ、購買を促進することを目指しています。

ユーザーの体験価値

　2022年12月には、デジタルツインの対象となっている駅の周辺エリアが拡大され、海老名駅やその周辺地域を訪れた人は、自分が今欲しい情報をLINEの公式アカウントからリアルタイムで入手できるようになりました。

　電車に乗ろうとしている人は列車の出発時刻や乗り換え情報、店での買い物を楽しみたい人はお得なクーポンに関する情報、オフィスビルで働く人は周辺飲食店の混雑状況に関する情報など、各人の属性に応じて最適な情報が提供されるのです。

　必要なときに必要な情報がすぐに手に入るようになることで、暮らしやすさや利便性が格段に高まるでしょう。

企業の投資価値

　各人の属性に応じた最適な情報を提供することで、店舗での商品購入やイベントへの参加、混雑している場所の回避など、さまざまな行動を促すことが可能となります。これにより、海老名駅やその周辺の飲食店や小売り店にとっては売上の向上、イベントの開催者にとっては参加者の増加、小田急電鉄にとっては混雑状況の解消など、各利害関係者全員にメリットが生まれます。

　さらに、人流を正確に予測することで、商品の在庫量の最適化や空調の管理などを効果的に行うこともできるでしょう。これにより、飲食店におけるフードロスの防止や商業施設でのエネルギーの節約など、環境対策にも役立つことが期待されます。

CASE 093 世界で初めて国全体のデジタルツイン化に成功

シンガポール

https://www.geospatialworld.net/prime/case-study/national-mapping/virtual-singapore-building-a-3d-empowered-smart-nation/

概要

　シンガポール政府は、2022年春、自然、建物、道路、人、車などのあらゆるデータを集約し、国全体をデジタルツイン化することに世界で初めて成功しました。この空間は「バーチャルシンガポール」と呼ばれ、都市計画へのデジタルツイン活用の先進事例として世界中から注目を集めています。

　バーチャルシンガポールに活用されるデータは、インターネットの情報、監視カメラの映像データ、IoT（p.186参照）からのリアルタイムデータなど幅広いソースから集められています。

　この取り組みの成果は、最適な都市計画の策定や自然災害のリスク評価・対策、国民への最適な交通ルートの提案など多岐にわたります。国民生活の利便性や安全性を向上させ、より暮らしやすい都市づくりに役立っています。

国民の体験価値

　都市をデジタルツイン上に再現してシミュレーションを行い、その結果をもとにした効果的な施策を実行することで、国民の生活があらゆる側面で便利になります。

　たとえば、交通状況をシミュレーションして渋滞が起こりにくいように道路を設計・改良すれば、渋滞に巻き込まれることがなくなります。また、人の動き・人流を分析することで混雑が起こりにくい施設が設計されれば、人気の商業施設でも混雑に巻き込まれることなく楽しめるようになります。

　さらに、自宅などにセンサーを設置し、自分の生活習慣や健康状態をリアルタイムで把握することで、自分の生活習慣を改善し疾病リスクを回避するとともに、病気を早期に発見することも可能となります。

政府の投資価値

　デジタルツイン上でのシミュレーションにより、あらゆる施策についてあらかじめ効果測定ができるようになります。これにより、効果の薄い施策が行われるリスクが減ります。予算を効率的に活用し、効果のある施策により確実に国民の生活を向上させることができるでしょう。

　バーチャルシンガポールの用途は幅広く、地形や建物の構造・向きなどから、太陽光発電による電力生産量の計算を行うこともできます。単に国民の生活を便利にするだけでなく、エネルギーの消費量が最適化されたサステイナブルな都市づくりが可能となり、国際的にも高い評価を得られるようになると考えられます。

　小さな都市国家ならではの試みといえますが、我が国でも、街単位で同様のことを行う際の参考になるでしょう。

CASE 094 戦争で被災した都市の復興のために デジタルツインを活用

ウクライナ

https://blog.3ds.com/industries/cities-public-services/rebuilding-ukraines-cities-using-virtual-twins/

概要

ロシアとの戦争で甚大な被害を被っているウクライナは、フランスのデジタルツイン企業であるダッソー・システムズなどの協力を得て、都市再建に向けたデジタルツインの活用を進めています。

再建のプロジェクトは、2段階のフェーズに分かれています。1段階目は、人工衛星や現地調査をもとに、街の被害状況を正確に把握し、復活させるべきインフラの洗い出しや、再建費用の予測を行います。得られた情報や分析結果は、ダッソー・システムズのプラットフォーム上で共有します。

2段階目は、プラットフォーム上のデータをもとに街のデジタルツインを構築し、街の復興計画のシミュレーションを行います。これにより、戦争前と比べて国民がより暮らしやすい街を再興していくことを目指しています。もちろん、戦争が終結することが大前提なのですが……

国民の体験価値

　戦争で被害を受けた都市に居住する人々は、一日も早い復興を求めています。デジタルツイン上でのシミュレーションを行った上で、復興を進めることで、建物の再建やインフラの整備を効率的かつ迅速に行うことが可能となります。

　また、復興した後のウクライナの街は、戦争前よりもより便利で暮らしやすくなると考えられます。デジタルツイン上でのシミュレーションにより、渋滞が発生しにくい交通網が新たに配備されたり、災害に強い都市設計が考案されるなど、利便性や安全性が格段に向上するでしょう。

政府の投資価値

　戦争による被害に遭った都市を一から再建するのには膨大なコストがかかり、難易度も高いです。デジタルツインによるデータ分析で効率的・効果的な再建計画を立てることで、建設の失敗や計画ミスのリスクを防止し、無駄なコストを生じさせずに復旧を進めることが可能となります。

　また、今回のプロジェクトでは、カーボンニュートラルに基づく持続可能な都市を実現することを目指しています。自動車がスムーズに走れるように交通網を最適化するなどして、二酸化炭素の排出量を抑えるようにする取り組みはその1つです。

　ウクライナが完全に復興した際には、今まで以上に便利で先進的な都市へと生まれ変わるでしょう。そのためにも、一日も早く平和が訪れることを祈るばかりです。

CASE 095 あらゆる行政サービスを提供するメタバースを構築

韓国ソウル市

https://japanese.seoul.go.kr/%E6%94%BF%E7%AD%96%E7%B4%B9%E4%BB%8B/%E3%82%B9%E3%83%9E%E3%83%BC%E3%83%88%E3%82%B7%E3%83%86%E3%82%A3/%E3%83%A1%E3%82%BF%E3%83%90%E3%83%BC%E3%82%B9%E5%8F%8A%E3%81%B3%E3%83%96%E3%83%AD%E3%83%83%E3%82%AF%E3%83%81%E3%82%A7%E3%83%BC%E3%83%B3/

概要

韓国のソウル市は、「メタバースソウル」という構想を掲げ、経済、文化、観光、教育、行政など、あらゆる分野でメタバースを活用する計画を進めています。2021年に計画を立て始め、その後、導入・拡張を進め、2025年から2026年までの間にサービスの定着を目指しています。

住民票などの書類の発行、税金の相談、観光案内などさまざまな行政サービスをメタバース上で提供することを目指した取り組みで、老若男女問わず全ての市民が快適で便利に暮らせる社会を目指しています。

メタバースソウルは、TIME誌の「2022年最高の発明品」にも選出されました。世界の都市としては初めての、政府によるメタバースプラットフォームとして世界中から注目されています。

市民の体験価値

　ソウル市民は、アバターの姿でメタバースソウルにアクセスします。そこでは、さまざまな行政サービスを受けたり、他のアバター市民とのコミュニケーションを楽しむことができます。

　災害発生時の訓練ができる市民安全体育館、不動産契約の疑似体験、ソウルの観光スポット巡り、電子書籍が読める広場、季節ごとに変わるミニゲームなど、さまざまなコンテンツが用意されており、生活の役に立つ知識や情報を、楽しみながら学ぶことが可能です。

　また、行政サービスがメタバースで提供されることで、身体に障がいを抱える人や遠隔地に住む人など、さまざまな制約を抱えた人でも等しく行政サービスを受けることができるようになります。物理的な制約が取り払われることにより、誰一人として取り残さないサービス作りが実現されるのです。

政府の投資価値

　あらゆる行政サービスをメタバース上で提供し、エンタメ要素も加えることで、市民の生活がより便利になり、ソウル市に対する満足度の向上につながると考えられます。

　また、物理的な設備が不要となり、一部の業務はアバターによる自動対応が可能となるので、行政サービスにまつわるさまざまなコストの削減や業務の効率化を実現することができます。

　また、メタバースを通して、年齢、身体の障がい、物理的な距離などあらゆる制約を克服した自由な空間を作り上げるという、多様性に配慮した取り組みは、世界中から高い評価を受け、ソウル市のプレゼンスが向上することも狙っているものと思われます。

7-3

医療

CASE 096
クロムウェル病院が手術のサポートにAR機能を活用
クロムウェル病院

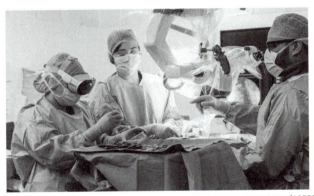

https://applemagazine.com/vision-pro-empowers-a-new-era-in-surgical-procedures/63553

概要

　イギリスのクロムウェル病院は、アメリカのテック企業が開発したApple Vision Pro用の手術サポートアプリを利用し、外科手術を行っています。

　執刀医がApple Vision Proを装着してアプリを起動すると、目の前に手術のステップや医療器具の使い方などのガイドが表示されます。執刀医は、そのガイドを見ながら手術を行うことができるので、手術ミスの減少や正確性の向上につながると期待されています。

医師の体験価値

　Apple Vision Proの、コントローラー不要で、両手を空けたまま操作をすることができるという利点は、手術のような両手を使う作業にぴったりです。

　執刀医は、メスなどの医療器具で両手がふさがった状態でも、手術の手順や患者の身体状況に関する情報を視界の好きな位置に配置することができます。

　リアルタイムで手術の手順や医療器具の使い方を確認しながら手術を行うことができるため、手術ミスの減少や成功確率の向上につながります。医療現場でのVision Proの活用は、クロムウェル病院に限らず、今後ますます広がっていくことでしょう。

　将来的には、手術だけでなく、通常の治療や診断、リハビリなどあらゆる医療行為において医師や看護師を助ける強力なツールとなる、さまざまなアプリが開発されていくものと思われます。

CASE 097 手術前の患者の不安解消にVRゴーグルを活用

ベアータ・ヴェルジーネ病院

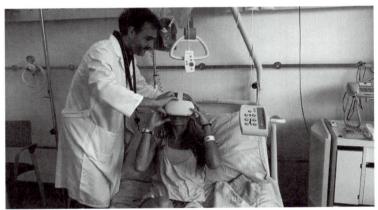

https://www.swissinfo.ch/jpn/%E7%A7%91%E5%AD%A6/vr-%E6%89%8B%E8%A1%93-%E4%B8%8D%E5%AE%89/72852937

概要

　スイスのベアータ・ヴェルジーネ病院では、2024年初頭から、手術前の患者にVRゴーグルを体験させることで、手術に対する患者の不安を解消する実証実験が行われています。実験の効果は患者によってまちまちでしたが、おおむね肯定的なフィードバックが得られているとのことです。

　この事例に限らず、VRゴーグルを活用して不安を解消したり、痛みを改善したりするという試みは、さまざまな医療機関で行われています。複数の研究でもVRが不安や痛みの解消・軽減に役立つことが示唆されています。

患者の体験価値

　不安やストレスは、深刻化すると身体の健康状態にも悪影響をもたらします。たとえば、手術前の不安感が深刻化すると、心拍数が上がり手術中に過度な出血が引き起こされる可能性が高まったり、心的外傷後ストレス障害を発症したりするリスクが生じます。そのため、手術前に患者の精神を安定させることは極めて重要です。

　ベアータ・ヴェルジーネ病院では、手術前の患者の多くがVRゴーグルを装着したことで、不安が和らいだという結果が出ています。VRゴーグルによる没入型の体験によって、不安から注意がそらされたからではないかと考えられています。

　手術前の不安やストレスが軽減されることで、患者は落ち着いて手術を受けられるようになり、手術の失敗や合併症のリスクなどの軽減が期待できます。

医療機関の投資価値

　手術前に患者が抱く不安は避けて通れないものであり、多くの医師や看護師が患者の不安をどのように解消するかで悩んでいます。鎮静剤を投与する方法もありますが、あまりにも多用するとかえって患者の身体によくない影響を及ぼす可能性もあり、慎重に利用する必要があります。

　一方で、VRゴーグルであれば、患者の身体への侵襲を伴うこともありません。また、VRゴーグルを装着させることで、術後の患者の精神安定にも活用できる可能性があります。

　VRを通じて体験してもらうのには、どのようなコンテンツが効果的なのか、今後、VRを活用した不安解消の研究が進み、その効果が実証されれば、多くの病院や医療機関がこの手法を取り入れるようになると考えられます。

CASE 098 宇宙飛行士のメンタルケアに VRヘッドセットを活用
国際宇宙ステーション

https://blog.vive.com/us/vive-focus-3-revolutionizes-astronaut-physical-health-on-the-iss/

概要

　国際宇宙ステーション（ISS）では、宇宙飛行士の健康をサポートするために、VRヘッドセットが利用されています。

　ISS滞在中の宇宙飛行士にVRヘッドセットを支給。フィットネスバイクの使用中などに装着して、地球上のさまざまな風景を楽しむことができるようにしました。

　長い間地球から離れている宇宙飛行士にとっては、地球上のリアルな風景は心を落ち着かせる癒やしとなり、心身の健康状態を保つのに役立っています。

宇宙飛行士の体験価値

　宇宙飛行士は、無重力の中を数週間から数か月にわたり滞在することになります。その間、筋肉の減少や体力の低下が起こりやすいため、毎日数時間の運動をしなければなりません。また、地球に戻った後も、長期にわたるリハビリが必要となります。

　このような過酷な状況に置かれた宇宙飛行士が、エクササイズに少しでも安らぎを見出せるようにするため、今回の取り組みが実施されました。VRで母国の風景を眺めながらエクササイズを経験したある宇宙飛行士は、VRヘッドセットが心を癒やし、精神的安定を支える役に立ったとコメントしています。

ISSの投資価値

　長期間にわたり過酷な環境で任務に取り組む宇宙飛行士のメンタルケアは、JAXAやNASAなど、宇宙飛行士を抱えるあらゆる機関にとって、重要な課題となっています。

　VRヘッドセットを活用した今回の取り組みは、長期任務を遂行する宇宙飛行士の精神の健康を保ち、そのパフォーマンスを高めるための有効な手段となりました。

　VRヘッドセットを用いたメンタルケアは、宇宙飛行士だけでなく、入院患者や要介護者など、あらゆる人々に対して有効な手段となるでしょう。

CASE
099

患者の身体情報や診断記録をデジタルツイン上に一括管理

メッシュ・バイオ

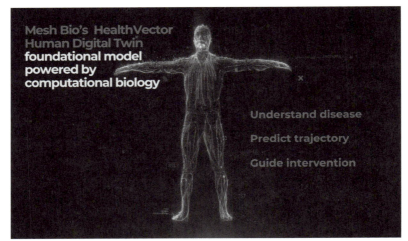

https://www.meshbio.com/news

概要

　2018年に創業した、シンガポールのヘルスケアスタートアップであるメッシュ・バイオ社は、患者の健康状態をデジタルツイン上に再現・可視化するための技術開発に取り組んでいます。CEOであるアンドリュー・ウー氏は、「当社は、デジタルツインと医療デバイスを組み合わせて、患者の初期の診断から慢性疾患の管理までを一貫して管理できるプラットフォームを開発した」と述べています。

　患者一人一人の身体情報や診断記録をデータとして一括管理したデジタルツインを構築することで、医療従事者が各患者に合った最適な治療を施せるようにするためのもので、医療サービスの質を向上させる画期的な取り組みとして期待されています。

患者の体験価値

メッシュ・バイオ社のデジタルツインは医療サービスの質を向上させ、患者にさまざまなメリットや価値をもたらします。

患者は、自分の健康状態や過去の病歴などのさまざまな情報が収集・一元化されることで、病気の兆候の早期発見や将来起こりうる疾病の正確な予測が得られるようになります。

データの一元化そのものは、これまでも試みられてきましたが、そのデータをデジタルツイン上で分析することにより、個別に最適化された治療を受けることができるようになり、病気の効果的な治療が期待できるようになります。

病院の投資価値

病院は、メッシュ・バイオ社のデジタルツインを利用すれば、膨大な医療データを効率的に管理し、有効活用できるようになります。これにより、必要な時に必要な情報に迅速にアクセスできるようになり、医療従事者の業務の効率性が格段に高まり、医療サービスの質の向上につながるでしょう。

CASE 100 Siemens Healthineersによる人体の3Dモデルを再現するアプリ

Siemens Healthineers

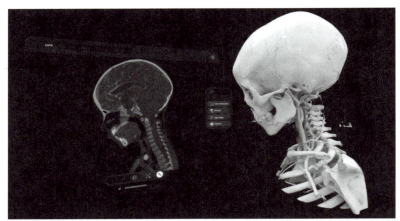

https://www.siemens-healthineers.com/press/releases/cinematic-reality-applevisionpro

概要

　ドイツのヘルスケア企業であるSiemens Healthineersは、Apple Vision Pro向けアプリ「Cinematic Reality」をリリースしました。人体の骨格を再現した3D モデルをVision Pro上で表示し、ユーザーがVision Proを操作することで、自由に拡大・縮小させたり、回転させたりすることができるアプリです。これにより、3D モデルのどの部分からも断面を見ることができ、さまざまな骨格や臓器の部位も確認できます。

　医療機関における医師や研修医に対する教育や手術方法の検討・すり合わせ、診断時の患者とのコミュニケーションの促進・円滑化などへの活用が想定されています。

医療従事者の体験価値

　Cinematic Realityは、おもに医療機関において医師や看護師、研修医が活用することを想定して提供されているアプリで、研修医や若手の医師が人体の3Dモデルを用いて人体の構造を学習したり、手術の訓練・シミュレーションを行ったりするなど、研修・教育目的の利用が考えられます。

　また、患者との間で3Dモデルを共有することで、患者の病気に関する症状を視覚的にわかりやすく説明するのにも役立ちます。

　さらに、医師同士が同じ人体モデルを共有することで、手術や治療のやり方について検討したり、すり合わせを行うなど、実際の医療行為にも活用することが可能です。

　人体の構造を正確に再現したモデルは、医療現場におけるあらゆる場面で、医師や看護師を助ける強力なツールとなるでしょう。

企業の投資価値

　医療機関での治療や訓練のための3D人体モデルは、体の構造を正確かつリアルに再現したものでなければなりません。少しでも正確さに欠けると、人体構造に対する誤った知識が広まり、治療ミスにもつながりかねないからです。そのため、今までの技術では、人体の正確な3Dモデルを提供することは困難でしたが、Apple Vision Proのハイクオリティの画像と没入感によって可能になりました。

　需要は多く見込まれ、今後、多くのヘルスケア企業が、Vision Proを用いた同種のサービス提供に乗り出すことでしょう。

　たとえば、医療分野におけるVRアプリ開発を手掛けているHoloeyesは、Vision Pro上に血管や臓器を再現し、疑似的な解剖ができるアプリ「Holoeyes Body」をリリースしています。

第3部 活用編

メタバース活用のロードマップ

最後に、実際にメタバース活用を推進するために取り組むべきことの概要を、次の5つのステップで、簡単にご紹介しておきましょう。

- Step1 実際にメタバースを体験する
- Step2 市場動向・先行事例をリサーチする
- Step3 活用方法・企画を検討する
- Step4 プロジェクトの計画を立てる
- Step5 メタバースを開発・運用する

Step 1
実際にメタバースを体験する

　メタバース活用を成功させるために欠かせない第一歩は、とにかく担当者自身がスマートフォンやXRデバイスで、実際にメタバースを体験することです。

　私の会社がご相談をいただく企業の担当者の方の中には、メタバースを体験せずにリサーチや企画を進めている方が意外にも多くいらっしゃいますが、そのままメタバースの企画や開発を進めてしまうと、その理解の浅さから、思い描いていたような体験や狙っていた成果が実現できないという事態に陥ってしまうことになります。

　また、メタバースはどのデバイスを通じてアクセスするかによって、体験が大きく異なります。
　スマホやPCを利用する場合、没入感や体験の幅は比較的限定されるものの、デバイスの準備や利用時の身体的な負担は小さくてすみます。

XRデバイスのタイプ	代表的なデバイス
VR/MRヘッドセット	・Meta Quest ・Apple Vision Pro
ARグラス	・XREAL ・Ray-Ban Meta

一方で、Meta QuestやApple Vision ProなどのXRデバイスを利用する場合、長時間装着する際には、デバイスの重さなどを負担に感じることはあるものの、没入度合いや体験のクオリティは圧倒的に優れたものとなります。

Apple Vision Pro
https://www.apple.com/jp/apple-vision-pro/

XREAL
https://www.xreal.com/jp/air2

　最新鋭のXRデバイスは高価格なものもあるため、自社で準備するのが難しいという場合は、まずは、レンタルや企業向けのXRデバイス体験サービスを利用するのがおすすめです。

　一度、XRデバイスでのメタバースを体験してみると、ほとんどの方が、「現時点でSFの世界のような体験ができ、映像や体験の質の高さに驚いた。さまざまな用途で活用できる可能性を感じた」とおっしゃいますが、一方で、「思っていたよりヘッドマウンドディスプレイが重く、検討していた企画をもう少し考え直す必要があると気づけた」という感想を持たれる方もいらっしゃいます。

　まずは、ご自身で体験してみること。このステップを踏むことで、現時点のメタバースにできること／できないこと、ならびに、できることのクオリティを解像度高くご理解ください。これにより、地に足のついた現実的な企画の検討を進めることができます。

第3部　活用編　メタバース活用のロードマップ　　251

Step 2
市場動向・先行事例をリサーチする

　続いてのステップは、メタバース市場の動向や他社の先行事例のリサーチです。

　メタバース市場は、近年MetaやAppleなどのビックテックに牽引される技術・体験の進歩が目覚ましく、その動向の変化が非常に激しいことが特徴です。

　たとえば、各社とも、XRデバイスは1~2年スパンで新世代機種をリリースしており、そのデバイスで使用できるソフトウェアや体験は数か月・数週間スパンでアップデートされ続けています。スマートフォンなどと比べ、より新しい領域のため、進化のスピードはより速い傾向にあります。常に最新のリサーチが必要です。

　成果については、2021年10月末のFacebookのMetaへの社名変更を機に、すでに幅広い業界の企業がさまざまな目的でメタバースの活用を進めており、一定の結果が出つつある段階となっています。それらの事例の取り組みの概要・狙いや戦略・進捗などをベンチマークすることで、成果を上げるためのポイントを押さえた上で、効率よく企画の精度を高めることができます。

　具体的には、メタバースを構成する、テクノロジー、ビジネス、ユーザーの3つの観点から、次のような項目について、リサーチします。

観点	リサーチテーマの例
テクノロジー	・XRデバイス ・モデリングツール/手法 ・デジタルツイン
ビジネス	・市場全体の動向 ・グローバルIT企業の戦略/取り組み ・他社の活用動向
ユーザー	・ユーザーの利用動向 ・ユーザーによるコンテンツ作成の動向 ・各種メタバースサービスのUI/UX設計

① テクノロジー

　テクノロジーの観点からは、次の両面からリサーチを進めていく必要があります。

　①ユーザーがメタバースにアクセスするテクノロジー
　②メタバースを開発するテクノロジー

　ユーザーがメタバースにアクセスするテクノロジーとしては、XRデバイスの動向がもっとも重要になります。たとえば、

　□最新のXRデバイスの機能・体験の質・価格
　□主要デバイスの比較・市場シェア
　□主要企業の今後のリリース予測

　などを押さえることで、自社の戦略や企画にマッチするデバイスの選択を行うことができます。

一方で、メタバースを開発するテクノロジーに関しては、近年特に進化が著しい、

- □ Unity等の主要な3Dモデリングツールの比較
- □ デジタルツインの最先端の活用
- □ 2Dデータの3D化技術や生成AIの活用

など最新の開発手法をリサーチし、自社にマッチする開発のアプローチの検討材料とすることがおすすめです。

② ビジネス

ビジネスの観点からは、市場全体の動きと自社に特に参考になる動向、国内外の競合や他業界の先進企業を幅広く押さえておくことで、より精度の高い企画を検討していくことができます。

メタバース市場全体の動きとしては、

- □ 業界やユースケース別の市場規模
- □ AppleやMetaなどのグローバルIT企業の戦略/動向
- □ 彼らの提供する開発者向けツールやAPI
- □ マーケットプレイスやそれらの利用動向

をウォッチしておくと、中長期を見据えた取り組みの際の検討の参考とすることができます。

③ ユーザー

　ユーザーの観点からは、①最新のユーザー動向と、②ユーザー視点での体験設計についてリサーチを進めていきます。

①ユーザー動向としては、

☐ 各サービスのユーザー数・属性
☐ ライト/ヘビーユーザーの利用実態
☐ ユーザーにより作成されたコンテンツの種類・数・質
☐ 収益モデル

などをリサーチ・分析することによって、特に消費者向けメタバースを開発する企業は、よりビジネスインパクトにつながる戦略や企画立案につなげていくことができます。

　②ユーザー視点での体験設計については、利便性や魅力を高めるための上手なUI/UX設計をベンチマークしておきます。

　このとき、メタバース自体だけでなく、Webサイトやアプリケーションの操作、リアルの世界での行動など、メタバースの前後を含めた動線についても、上手な設計を学んでおくことが重要です。これにより、実際にユーザーに受け入れられ、利用されるメタバースの開発・運用が進められます。

　また、中長期を見据えた先行投資的な取り組みとしてメタバースを活用する場合は、現時点の動向のみならず、テクノロジー、ユーザー、ビジネスがどのように影響し合い、今後5年スパンなどで市場はどのように変化

していくのかへの見立てを持っておくことが非常に重要です。
　このステップが、成果につながる骨太のメタバース戦略/企画検討の土台となります。

＊Unity: Unity Technologiesが開発・販売している、IDEを内蔵するゲームエンジンである。おもにC#を用いたプログラミングでコンテンツの開発が可能．
＊UI: User Interface
＊UX: User eXperience
＊IDE: Integrated Development Environment（統合開発環境）の略で、ソフトウェア開発に必要なさまざまなツールを1つにまとめたもの

Step 3

活用方法・企画を検討する

　続いてのステップは、メタバース活用で成果を上げるためにもっとも重要な、具体的な活用方法と企画の検討です。

　先述の通り、幅広い業界の多くの企業が、そのポテンシャルの高さから、次々とメタバース活用を推進しています。
　一方で、新興領域ということもあり、市場動向やノウハウ、ユーザー目線の欠如や戦略性の低さなどから、筋の悪い活用方法・企画のまま推進してしまっている企業も多く存在します。
　その結果、期待するような成果を得られぬまま、メタバースを活用すること自体が目的となってしまっているような事例が見受けられます。

　そこで、活用方法を検討する際は、

① 「どの課題をターゲットとするか」
② 「どのような目的で活用するか」
③ 「なぜメタバースでないといけないのか」
④ 「誰にどのようなユーザー体験を提供するか」

などの主要な観点ごとに、しっかりとした検討を積み重ねることが必要です。

具体的な検討の進め方をさらに3つのステップに分けて紹介していきます。

Step3-1 「自社の課題×活用方法」のアイデアの幅出し

① メタバースを活用し得る自社の経営課題を幅出しする

　まず、メタバースを活用し得る自社の課題と、それに対する具体的な活用方法をセットで1つの案として、幅広く出してみましょう。

　課題と活用方法を区別した上で、それらの組み合わせのアイデアの形で整理することをおすすめする理由としては、それぞれのアイデアが何の課題を解決するためのものかを明確にするためです。

　たとえば、「自社のIPを活かしたメタバース空間をリリースしよう」というアイデアも、解決し得る課題は、IPを生かした新たな収益源の創出から、新規ファンの獲得、既存ファンのエンゲージメント向上までさまざまであり、どの課題をターゲットとするかによって、そのアイデアの価値やマッチする企画は大きく異なります。

② 経営課題のうち、メタバースの活用が有効なものを知るには？

　実際に幅出しをするアプローチとしては、自社の経営課題のうち、メタバースを活用して解決できるものがないか検討するインサイドアウトの考え方と、国内外の先行事例のうち、自社の課題や目的と類似するメタバース活用事例を参考にするアウトサイドインの考え方の両方から行うとよいでしょう。

　参考として、アパレル業界で製造と小売を行う某企業が課題×活用方法のアイデア出しを行う場合のイメージを次のページに挙げてみました。

　このステップは、多くのメタバース活用プロジェクトのメンバーを巻き込みながら、ホワイトボードや付箋などを用いて、ブレインストーミング的に行っていきましょう。

　また、全社のより重要な経営課題をメタバースで解決できる可能性に気づくことができるため、可能な範囲で経営企画部など、プロジェクトメンバー以外の社員の方を巻き込むのもおすすめです。

経営課題カテゴリ	経営課題例	活用方法例
新規事業創出	新たなビジネスモデルの構築	バーチャルアイテムの売買が可能なプラットフォームの展開
	既存ブランドを活かした収益源の多角化	自社ブランドのアバター向けのバーチャルアパレルアイテムの販売
既存事業の付加価値向上	実店舗での購買体験の進化	好きな商品を手軽に試着できるARミラーの設置
	リアルのアパレルアイテムの体験価値強化	メタバース空間上でも同じデザインのバーチャルアイテムが着用できる特典付きのリアルアイテムの販売
マーケティング強化	短期売上向上に向けた販促強化	ゲーム要素を取り入れたPR向けのメタバースの展開
	ブランディング強化	ブランドの世界観が伝わるメタバースの展開
EC売上向上	ECにおける実物の商品イメージの理解促進	自宅からでも試着・試し置きができるARサービスの提供
	ECにおける接客体験の向上	メタバース上での各商品に詳しい店員への相談サービスの提供
業務効率化	製品企画・デザインの効率化	メタバース空間上での新作アイテムのデザイン・プロトタイピング
	製造ラインの設備運用効率化	デジタルツインを用いた各種設備運用の効率化
	製造ラインの作業補助	ARグラスを用いた製造プロセスでの作業補助
研修	現場を想定した研修環境の提供	さまざまなシチュエーションを想定したXRデバイスを用いた実践型の接客研修の実施

Step3-2 アイデアの評価・選定

続いてのステップでは、前のステップで幅出ししたアイデアを評価し、実際に推進する活用方法を選定します。

① 評価の2軸

幅出ししたアイデアはさまざまな観点からの評価が可能ですが、大枠の考え方として、

① 「解決する課題の重要度」
② 「メタバースを活用する意義の大きさ」

の2軸で評価し、両方が大きいアイデアを選定するのが定石です。

② よくある失敗

アイデア評価・選定でのよくある失敗として、

① 「メタバース活用の意義はあるが、そもそも解決する課題の、会社や事業全体の視点から見た重要度が低く、ビジネスインパクトにつながらない」というパターン
② 「解決する課題の重要度は高いが、メタバース活用自体が目的化するあまり、打ち手がメタバースである意義が小さい活用を進めてしまう」というパターン

の2つが挙げられます。

③ 重要な視点

そのため、次の両面から、評価を行う必要があります。

① 「その課題を解決することが、定量的な視点や戦略的な視点も踏まえ、全社や事業にとってどの程度重要か」
② 「その課題解決に向け、既存の打ち手やその他の各種DX施策ではなく、メタバース活用を選択する意義がどの程度大きいのか」

参考として、先ほどのアパレル業界で製造と小売を行う某企業の課題×活用方法のアイデアを評価する際のイメージを下に示しておきます。

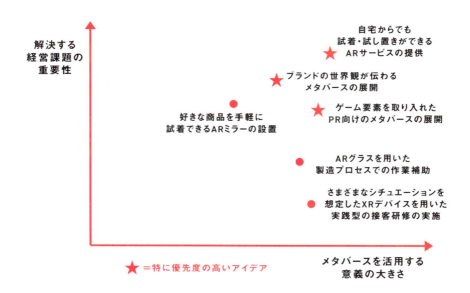

④ 手段（メタバース活用）を目的化しない

メタバース活用は、あくまで、企業の課題解決に向けた幅広い打ち手の中の1つです。そのため、この評価のプロセスを踏まえて、仮に活用をしないという結論に着地したとしても、本質的には価値ある検討だといえます。

このように、メタバース活用アイデアの決定は、メタバースという領域の知見だけでなく、経営判断力も求められるプロセスとなります。

Step3-3　ユーザー体験の具体化

活用方法が決まった後のステップでは、ユーザー体験を具体化していきます。

課題×活用方法の案をベースに、

① 「ターゲットユーザーのどのような課題やニーズに対して、どのように価値を提供するか（バリュープロポジション）」
② 「その実現に向けユーザーにどのような一連の体験を届けるか（カスタマージャーニー）」

などを検討していきます。

① 先行事例の評価・分析

　近年多くの企業がメタバース活用を進めていることもあり、類似の先行事例のうち、ユーザーがハマっているメタバースとそうでないメタバースを実際に体験しながらベンチマークすることは極めて有効です。各シーンでの体験設計（UX）の工夫やそれを受けた他ユーザーのリアルな動きから多くのことが学べます。

② ターゲットユーザーへのインタビュー

　その後は、自社のターゲットユーザーへのインタビューを行い、ユーザー像やニーズへの解像度を高め、簡単なデモを利用してもらい、フィードバックを受ける、といった取り組みを進めることで、ユーザー視点を養いながら、体験をブラッシュアップしていきます。

　ユーザー体験の具体化は、消費者向けメタバースを検討する際に重要だと思われがちですが、従業員の作業現場でのサポートや研修など、産業向けメタバースを活用する際にも重要です。

　メタバースに限らず、新たな社内向けシステムやツールを導入したものの、使い勝手が悪く利用されないというのはよくある話です。

　このように、どれだけ精度高く、自社の課題や目的にマッチした活用方法を選定できるか、ユーザーに価値ある体験設計ができるかが、メタバース活用の成果を大きく左右します。

Step 4
プロジェクトの計画を立てる

　次のステップでは、実際の開発・リリースに向けたプロジェクトの計画の策定を行いましょう。

　活用の目的や事業戦略などの大上段の考え方をベースに、実際にプロジェクトを進めるのに必要な、以下のような項目について検討を進めていきます。

観点	検討項目の例
期待する成果	・活用の目的/戦略 ・中長期/短期での成果目標 ・フェーズ毎のKGI/KPI
スケジュール	・MVP開発/PoC/本開発/運用等のスケジュール ・各プロセスにおけるマイルストーン設計
リソース・体制	・プロジェクトのフェーズ毎の予算 ・プロジェクトメンバーの体制 ・外部ベンダーの起用

① 期待する成果

これまでの企画の内容などを踏まえ、メタバース活用に期待する成果を改めて言語化し、社内での認識を揃えましょう。

☐ 活用の目的や事業戦略との関係はどのようなものか
☐ 中長期と短期それぞれでどのような成果を期待するか
☐ フェーズ毎に設定するKGI（Key Goal Indicator「重要目標達成指標」）、KPI（Key Performance Indicator 中間プロセスにおける「重要業績評価指標」）の内容はどのようなものか

など、定性と定量の両面で、期待する成果を整理していきます。

② スケジュール

後ほど詳しくご紹介しますが、仮説を検証するため小規模なプロジェクトと、仮説を検証した上で実施する本開発という大きく2つのステップに分けて進めることで、プロジェクト全体の費用対効果を最大化することができます。

① MVP（Minimum Viable Product：仮説を検証するのに必要最小限の機能を持つプロダクトのこと）開発
② MVPを用いて実施するPoC（Proof Of Concept：新しいアイデアや技術を検証する初期段階のテスト）
③ PoCの結果を踏まえた本開発や運用

という流れに沿ってスケジュールを立てましょう。

また、MVP開発のプロセスであれば、

①要件定義
②プロトタイプ作成
③コア機能開発
④初期テスト

など、各プロセスにおけるマイルストーンも設計しておくと、今後必要な取り組みや必要なリソース、期間などを事前に明確にしておけます。

③ リソース・体制

必要なアウトプットやプロセスがある程度明確になってきたところで、プロジェクトを推進するのに必要なリソースや体制を検討しましょう。

各フェーズでどの程度の予算が必要になりそうか、プロジェクトマネージャー、デザイナー、エンジニアなどの役割が必要になる中で、社内や外部のベンダー起用を含めてどのような体制で今後のプロジェクトを進めていくかを検討します。

メタバースは新興領域であるため、活用に取り組む企業のうち、経験や知見が豊富な企業のほうが少数派です。

特に先進的な活用を目指す企業においては、初期に立てた仮説や方針が覆されることも大いにあり得ることを前提に、計画全体を見直しながら進めていく必要があります。

このとき、企画の具体化やプロジェクト計画の段階から、外部のエキスパートを上手く活用することで、事前に防ぐことができる失敗は防ぎ、できる限り勝率を高めることが有効になります。

Step 5
メタバースを開発・運用する

　最後のステップは、メタバースの開発と運用です。

　本ステップは外部のベンダーに依頼をして推進するという企業も多いと思いますが、いい意味でベンダー企業に頼り切らずに、ベストなアプローチを検討することが重要になります。

　ベンダーに任せっきりの場合、ベンダーの都合で、ベンダーの有するプラットフォームやシステムの利用を前提に開発が行われてしまうこともあります。
　また、開発についてはリードしてくれているが、ユーザーの集客やその後のビジネスインパクトにつなげる設計などは、検討が浅いままになってしまうなどの問題が生じることも少なくありません。

　質の高い企画があっても、それを活かすメタバースの開発・運用が行われなければ成果は得られません。外部のコンサルやベンダー企業を活用しつつ、自社内でも仮説を持ちながらしっかりと検討・議論を行うことが求められます。

　これまで検討してきた企画をベースに、ユーザーに理想とする体験を届けるため、右上の表に挙げた項目について検討を進めていきます。

観点	検討項目の例
開発	・独自空間と他社プラットフォームの使い分け ・多数あるプラットフォーム/ツールの選定 ・社内外の連携を含めた開発体制/手法
運用	・メタバースまでの導線や集客 ・期待するアクションをとってもらう仕掛け ・計測指標とフィードバックの仕方

① 開発

　同じ企画でも、どのような開発のアプローチをとるかによって、完成するメタバースやユーザーに届ける体験、その後の発展性などに大きく差が出るため、しっかりとオプションを比較した上で、選択する必要があります。

　たとえば、PoC (Proof of Concept) と本開発で、

①独自のメタバース空間を開発すべきか
②すでに存在する他社のプラットフォーム上に空間を展開すべきか
③開発を行うツールやプラットフォームはどのようなものを利用するか
④社内外の連携を含め、どのような体制・手法で開発するか

などを、しっかりと検討する必要があります。

② 運用

　メタバースが場として存在した上で、ターゲットユーザーに期待するアクションをとってもらって初めて、企業として期待する成果が得られることになります。そのため、開発した後に、いかに上手く、やり方自体をブラッシュアップしながら運用していくかが重要になります。

　たとえば、

①メタバースを利用するまでの導線や集客はどのように設計するか
②メタバース利用中やその後にどのような仕掛けで期待するアクションをとってもらうか
③どのような指標を計測し、どのように運用・開発・企画にフィードバックするか

　などを、開発前の段階からしっかりと検討しておく必要があります。

メタバース活用を成功させるための5つのポイント

これまで多くの企業様のメタバース活用をご支援してきた経験を踏まえ、活用成功に向けた5つのポイントを紹介します。

- **Point1** 活用目的となぜメタバースなのかを明確にする
- **Point2** 中長期でのビジョンと戦略、ならびにステップごとの評価方法を策定しておく
- **Point3** ユーザーファーストな体験設計（UX）を徹底する
- **Point4** アジャイル手法を用いたプロジェクト管理を行う
- **Point5** 社内の多くを巻き込み、意思統一を図る

Point 1
活用目的となぜメタバースなのかを明確にする

　1つ目のポイントは、メタバース活用の目的と、目的達成への打ち手としてメタバースでないといけない理由の明確化です。

　メタバース活用推進の5つのステップのパートでも述べましたが、活用の成否を分ける最大のポイントであるため、再度言及します。

　メタバース活用により解決する課題と目的は何で、なぜその他の打ち手ではなくメタバース活用を選択するのか、をクリアに言語化できることが成功に向けた絶対条件なのです。

　多くの企業のメタバース活用の失敗事例の分析を進めると、失敗している事例の原因の多くは、UI/UXなどの体験の質ではなく、マッチしない目的にメタバースを活用してしまっていることにあるのがわかります。

　たとえば、短期的に既存顧客からの売上を伸ばしたい場合は、Web広告やSNS運用などのほうがマッチするかもしれませんし、製造ラインにおける業務効率化を図りたい場合は、業務プロセスの見直しや新たなロボティクスシステムの導入などのほうがマッチするかもしれません。

　そのため、メタバースありきで考えられた企画では、どんなに優れたUI/UXの設計をして開発に資金を投下しても、期待する成果を得ることは十中八九できないでしょう。

　メタバース活用は、PoCでも数百万円、本格的な開発では数千万円以上必要とすることが多く、手軽な投資とはいえないからこそ、企画の練り込みにリソースをかけることの投資対効果が極めて大きいのです。

Point 2
中長期でのビジョンと戦略、ならびにステップごとの評価方法を策定しておく

　2つ目のポイントは、中長期でのメタバース活用のビジョンと戦略の策定です。

　メタバース活用は、マーケティングなどで単発の施策として行われる場合もありますが、基本的には、新規事業創出や業務効率化、ブランディングなど、中長期で成果を期待する取り組みとして行うべきものだといえます。

　しかし、現実には、当初は中長期を見据えた取り組みとして始めたのにもかかわらず、いつのまにか企画や実施内容が短期視点に寄ったものとなってしまい、成果につながらず困っているというケースも数多く存在します。

　たとえば、中長期での顧客層拡大に向け、現状接点が弱い若者層に対してブランディングを行いたいという企業による、「多額の費用をかけ、商品を宣伝するようなオリジナルのメタバース空間を作ってみたが、現状大きな収益向上につながっておらず、その後、進め方もわからないので、打ち切りとした」といった打ち上げ花火的なプロジェクトがよく見られます。

　この場合、そもそも「現状接点の弱いターゲットに対するブランディングが目標」だったのですから、中長期計画に沿った評価が必要です。

たとえば、
「収益としての成果が出るまでを数か月ではなく数年単位で計画する」
「足元で追うべき指標として、収益向上ではなく、ブランドへのロイヤリティを設定する」
「提供する体験は、商品の宣伝よりも、自社のブランドのストーリーに触れられる内容にする。ゲーミフィケーションを取り入れ、とにかく楽しんでもらう回数・時間を増やし、接点の強化にフォーカスする」
「初期段階では、メタバースを活用したブランディングが、自社のターゲット層にどれだけ受け入れられるかの検証にフォーカスする」
　などの工夫が必要になります。

　このように、プロジェクトの企画の全体像が見えてきた段階で、メタバース活用により中長期で目指す姿をビジョンとして定め、それを実現するためにどのような戦略やステップで推進していくかを、あらかじめ策定しておくことが重要となります。
　ビジョンと戦略を策定する際の検討項目の例をご紹介します。

観点	検討項目の例
ビジョン	・中長期で自社のビジネスのあり方はどのように変えていくべきか？ ・今後業界や周辺領域でのメタバース活用がどのように進んでいくか？ ・メタバース活用により目指す自社の事業や組織の姿とは？
戦略	・中長期でメタバース活用によりどのような競争優位性を構築するか？ ・強みをどのように生かし、自社ならではの戦い方をするか？ ・どのようなステップで、どこから取り組みを始めるか？

Point 3
ユーザーファーストな体験設計を徹底する

　3つ目のポイントは、ユーザーに徹底的に寄り添った体験設計です。

　中長期のビジョン・戦略や企画がどれだけ精度高く検討されていても、ユーザーが価値を感じる体験を実現できなければ、期待する成果を得ることはできません。

　ユーザーファーストな体験設計の実現に向けては、以下の3つの観点からの検討が有効です。

① また利用したいと思われる体験価値の設計

　メタバースは体験自体が非常に目新しいため、プロモーション等を掛け合わせることで、一度利用してもらうハードルは低いのですが、その後またリピート利用をしてもらうには、体験価値の磨き込みが必須となります。

　これができていないがゆえに、大々的なプロモーションとともにリリースしたメタバースにユーザーが集まらず閑散としている、いわゆる「過疎バース」となってしまっている事例も少なくありません。

　業務効率化などを目的とした社内向けのメタバースでもこの観点は重要で、たとえば業務プロセス内に効率化を目的としたメタバースツールや設備を導入しても、利用した各社員に「これは便利だ、また使いたい」と思ってもらわなければ、その後利用は進まず、投資が無駄になってしまうでしょう。

② ユーザーの利用ハードル・負担の軽減

　①の観点とともに、メタバースを利用するハードルと負担をどこまで軽減できるかで、再利用率、リピート率は大きく変わります。

　スマートフォンやPCなどで利用する、一般的なデジタルコンテンツやサービスと比べ、XRデバイス等を通じて利用するメタバースは、操作の難しさやデバイスの装着負担、3Dインターフェイス自体への不慣れなどから、ハードルや負担は大きくなる傾向があります。

　そのため、

① 体験のコア部分にはこだわりつつ、それ以外の設計や機能を削ぎ落としシンプルにする
② 初心者に寄り添ったガイダンスなどを豊富に準備しておく
③ XRデバイスのみならずスマートフォンやPCでも利用してもらえないかを検討する

　などのさまざまな工夫によりその負担を軽減し、ハードルを下げることが求められます。

③ メタバース利用の前後を含めたスムーズなプロセス設計

　メタバースの体験設計を考える上では、メタバース空間内での体験だけでなく、ユーザーの体験前後のプロセスを含めたジャーニーを含め、検討するようにしましょう。

たとえば、

消費者向けメタバースであれば、「Web広告経由で集客したユーザーに対して、スムーズにメタバースを利用してもらえるように、アプリDLの不要なWebブラウザベースのメタバースにする」、

EC向けのメタバースであれば、「メタバース空間上で気になった商品の決済プロセスにスムーズに遷移できるような仕組みを作る」、

産業向けメタバースであれば、「メタバースを利用するプロセスだけが効率化されても、前後を含めた一連のプロセス全体が効率化されなければ取り組みの意義は薄れるため、視野を広げた全体最適での検討・設計を行う」ことが求められます。

Point 4
アジャイル手法を用いたプロジェクト管理を行う

　4つ目のポイントは、アジャイル手法を用いたプロジェクト管理です。

　アジャイルというのは、素早いという意味です。
　システム開発やプロジェクト推進の代表的な手法として、キックオフ時に綿密な計画を立て、各ステップを後戻りしない前提で進める「ウォーターフォール型」と、仮説を持ちつつも、短期間で小さなサイクルを何度も回し、フィードバックを踏まえ、進め方を柔軟に変えていく「アジャイル型」の2つがありますが、この後者の手法をとろうということです。

　メタバース活用推進にアジャイル手法が向いている理由としては、新興領域ゆえ各企業の経験・知見が不足しており、初期に立てた計画通りにいかないことが多々あること、本格的な開発には数千万円以上の費用がかかる場合もあることなどが挙げられます。

　そのため、数か月スパンで、プロジェクトの成否を分ける仮説を検証するPoCを行うなどして、仮説の精度を高めた上で本開発に取り組むことで、投資対効果を大きく高めることができます。

たとえば、消費者向けメタバースの場合、自社で本格的な空間全体やプラットフォームの構築を目指すプロジェクトであっても、いきなり開発に着手するのではなく、最初は、すでに存在する他社のプラットフォーム上で、比較的低コストでPoCを行うというのも有効な手段です。

　この場合、検証する仮説の例として、「想定する手法で、ターゲットユーザーを、メタバースに集客することができるか」、「現状のコンセプト・企画で、ユーザーは、メタバース上で期待するアクションをとってくれるのか？」などが挙げられます。

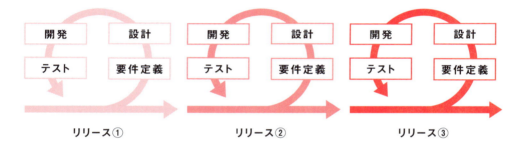

Point 5

社内の多くを巻き込み、意思統一を図る

　5つ目のポイントは、メタバース活用に対する社内の意思統一と巻き込みです。

　メタバース活用には、比較的すぐに成果の出やすい活用を進める場合もあれば、大規模な新規事業やビジネス変革などのように、中長期を見据えた先行投資として取り組む場合もあります。

　特に後者の取り組みを進める場合は、成功すればリターンが大きい分、プロジェクト初期は思うような進捗が得られないことが多く、社内からの反発が強まり、プロジェクトが短期で打ち切りとなってしまう場合も少なくありません。

　そのため、社内のプロジェクト内外のメンバーに対して、中長期で目指す姿や意義の共有、短期での成果に対する期待値のすり合わせを行うことや、PoCでプロジェクト前進に向けた成果を積み上げることなどにより、意思統一や巻き込みを行うことも重要になってきます。

　これらの地道な積み上げにより、関連部署などの協力も得ながら、地に足のついたメタバース活用を進めることが可能になります。

さて、この第3部では、メタバース活用の進め方と成功に向けたポイントに要点を絞ってご紹介してきました。

　もっともお伝えしたかったことは、「メタバースを活用すること自体が目的になってしまう」のか、「経営課題の解決を目的とし、テクノロジーをどう活用すべきかに向き合う」のか、という姿勢の違いが成果を大きく左右するということです。

　実際に活用を進めるとなると、開発ベンダーなどに相談をすることが多いかと思います。一方で、ベンダーはどうしても各社に合わせた経営課題や戦略ではなく、メタバースの開発を起点とした提案をする傾向にあります。その提案に基づき推進すれば、ビジネスインパクトを上げることは難しくなります。

　そこで、読者の方々は、ベンダーに任せきりにせず、本書を参考にしながら、社内でしっかりと戦略や企画を練り上げた上で、成果につながる活用を推進していただければと思います。

あとがき

　本書を最後までお読みいただき、誠にありがとうございます。本書が少しでも読者の皆さまのお役に立てたのであれば幸いです。

　私は仕事を通じて、数多くのクライアントのメタバース活用のご支援をさせていただいておりますが、私の力不足も大きく、想像以上にメタバース活用を推進できていないと感じております。
　メタバースは、世界中のありとあらゆる企業が積極的に活用を進めており、ポテンシャルが十分にある一方で、費用や実現性の問題からそもそもプロジェクトが開始されなかったり、途中で頓挫してしまうケースが多いのです。
　私は、世の中がメタバースが持つ可能性を十分に活かしきれていないという課題を強く感じ、本書を執筆させていただきました。

　本書の冒頭でも述べた通り、メタバースはまだまだ発展途上であり、今後、大きく飛躍していく可能性が十二分にあります。たとえば、不動産物件の内覧がVRゴーグルを使ってできるようになったり、教育現場ではVRゴーグルを使って実験をするようになったり、あらゆる人がARグラスをかけながら日常を過ごすようになったりなど、今までの当たり前が大きく変わっていく可能性があります。

　本書をきっかけにメタバースのビジネス活用について理解を深められた

読者の皆さまには、ぜひ今後もメタバース関連のニュースや最新の知見を
キャッチアップしていただけたらと思います。
　日々メタバースの最新情報にアンテナを張ることで、まだだれも気づい
ていないメタバースの秘められた価値に気づくことができるかもしれません。

　本書をきっかけにメタバースのビジネス活用に少しでも興味を持ってい
ただいた方は、第3部に書きましたように、以下のステップで検討を進め
てみてください。特にステップ1では、本書で紹介したサービスを試され
ることをお勧めします。

1　実際にメタバースを体験する
2　市場動向・先行事例をリサーチする
3　活用方法・企画を検討する
4　プロジェクトの計画を立てる
5　メタバースを開発・運用する

　なお、本書の出版に際して、ディスカヴァー・トゥエンティワン共同創業
者・前社長で、現出版社BOW&PARTNERS代表の干場弓子氏にはたい
へんお世話になりました。この場を借りてお礼を申し上げます。

　書籍出版を通じて、干場さんと一緒にお仕事をさせていただくことが私
にとって非常に貴重な体験でした。
　私は幼少期から文章を書くのが非常に苦手で、本書の出版も不安を抱
えながら進めておりました。干場さんは、そのような私に対して的確にアド
バイスをしていただき、このような形で出版することができました。

また、一緒に働く会社のメンバーが私の原稿に忌憚のないコメントをくれたおかげで、内容が格段にブラッシュアップされました。本当にありがとう。

　さらに、編集のサポートをしていただいた干場康平さん、本書のデザインを担当してくださったtobufuneの小口翔平代表、ならびに畑中茜さん、青山風音さんにもたいへんお世話になりました。その他にも、本書の出版に関連して非常に多くの方にご協力いただきました。この場を借りてお礼を申し上げます。

　最後になりますが、読者の皆さまがメタバースの可能性を最大限活かして、今までにない新しい価値を世の中に提供していただくことで、よりよい未来が実現されることを願っております。

2024年盛夏　　　　　　　　　　　　　　　　　　　　　　今泉 響介

出典・引用・参照元一覧

CASE 001
https://pokemongolive.com/?hl=ja
https://www.pokemongo.jp/

CASE 002
https://store.epicgames.com/ja/p/fortnite
https://www.fortnite.com/?lang=ja
https://note.com/cre8tfun_studio/n/n0479b40793a5
https://www.advertimes.com/20231219/article443506/
https://xtech.nikkei.com/atcl/nxt/news/18/10102/
https://www.itmedia.co.jp/news/articles/2402/08/news100.html

CASE 003
https://support.zepeto.me/hc/ja/articles/900005448466-%E3%82%B3%E3%83%9F%E3%83%A5%E3%83%8B%E3%83%86%E3%82%A3%E3%82%AC%E3%82%A4%E3%83%89%E3%83%A9%E3%82%A4%E3%83%B3
https://web.zepeto.me/ja
https://www.hakuhodo.co.jp/news/newsrelease/107297/
https://www.gucci.com/jp/ja/st/stories/article/zepeto-x-gucci?srsltid=AfmBOoqHUBt796vAhlIt7efJkfR5P-MOGH9bisSosNOXd3cBUqRIjq1w
https://www.fashionsnap.com/article/2021-08-28/ralphlauren-zepeto/
https://pages.zepeto.me/ja/wP7mO3wK87DsFLca2TtXfbN

CASE 004
https://reality.inc/
https://corp.gree.net/jp/ja/news/press/2024/0530-01.html#:~:text=2018%E5%B9%B48%E6%9C%88%E3%81%AB%E3%82%B5%E3%83%BC%E3%83%93%E3%82%B9%E3%81%AE%E6%8F%90%E4%BE%9B%E3%82%92%E9%96%8B%E5%A7%8B%E3%80%81%E3%80%8E%E3%82%B9%E3%83%9E%E3%83%9B%E7%94%A8%E3%81%91%E3%81%A6%E3%82%92%E7%B6%9A%E3%81%91%E3%81%91%E3%81%A6%E3%81%84%E3%81%BE%E3%81%99%E3%80%82
https://prtimes.jp/main/html/rd/p/000000229.000021973.html

CASE1 005
https://thewaltdisneycompany.com/disney-and-epic-games-fortnite/
https://www.famitsu.com/news/202402/08333876.html
https://www.itmedia.co.jp/news/articles/2402/08/news100.html
https://www.jetro.go.jp/biznews/2024/02/f08904a2e92fb571.html

CASE1 006
https://prtimes.jp/main/html/rd/p/000002169.000001304.html
https://stymore.jp/

CASE 007
https://v-fes.sanrio.co.jp/2024/floors#entrance
https://prtimes.jp/main/html/rd/p/000000565.000037629.html

CASE 008
https://prtimes.jp/main/html/rd/p/000000048.000096446.html
https://ja.wikipedia.org/wiki/VTuber_Fes_Japan
https://prtimes.jp/main/html/rd/p/000000160.000096446.html

CASE 009
https://apps.apple.com/us/app/what-if-an-immersive-story/id6479251303
https://japan.cnet.com/article/35219530/

CASE 010
https://impresskit.net/press-release/52ac5546-8552-4e19-b932-eb6889627979
https://note.com/panda_lab/n/n98e51e2409fe

CASE011
https://apps.apple.com/jp/app/crouton-recipe-manager/id1461650987?platform=vision
https://www.macotakara.jp/VisionApp/entry-46160.html

CASE 012
https://www.fortnite.com/news/high-digital-fashion-drops-into-
https://www.wwdjapan.com/articles/1261365
https://hypebeast.com/jp/2021/9/balenciaga-fortnite-outfits-collaboration-apparel-collection

CASE013
https://rtfkt.com/
https://fashion-archive.com/about-rtfkt/
https://nft-media.net/fashion/rtfkt/23905/
https://coinpost.jp/?p=500821

CASE014
https://prtimes.jp/main/html/rd/p/000000136.000074603.html

CASE 015
https://www.okamura.co.jp/corporate/news/product/2023/digital_collection.html
https://www.okamura.co.jp/corporate/news/product/2024/roomietale_event.html
https://okamura3d.booth.pm/

CASE 016
https://hado-official.com/
https://meleap.com/meleap/public/index.php/jp

CASE 017
https://tametech.net/2023/09/12/id=190/
https://wired.jp/article/air-race-x-shibuya/
https://fds.or.jp/ouraction/air-race-x/
https://prtimes.jp/main/html/rd/p/000000281.000033690.html
https://car.watch.impress.co.jp/docs/news/1578954.html

CASE 018
https://aespa-official.jp/
https://ja.wikipedia.org/wiki/Aespa

CASE 019
https://www.softbank.jp/sbnews/entry/20220606_02
https://www.softbankhawks.co.jp/news/detail/202300444457.html
https://www.softbankhawks.co.jp/news/detail/00005538.html

CASE 020
https://www.usj.co.jp/web/ja/jp/attractions/mario-kart-koopas-challenge
https://www.klook.com/ja/blog/usj-super-nintendo-world-mario-cart-koopa-challenge/

CASE 021
https://styly.cc/ja/event/ar-stamp-rally-conducted-with-jrwest/
https://japan.cnet.com/article/35218518/
https://prtimes.jp/main/html/rd/p/000000688.000095753.html

CASE 022
https://prtimes.jp/main/html/rd/p/000000830.000008210.html
https://prtimes.jp/main/html/rd/p/000000806.000008210.html
https://naked.co.jp/works/19481/

CASE 023
https://www.audi-press.jp/press-releases/2023/koer3000000019el.html
https://www.moguravr.com/audi-activesphere
https://www.audi.co.jp/jp/web/ja/stories/future/concept-cars/audi-activesphere-concept.html

CASE 024
https://www.dyson.co.jp/community/news/Dyson-Clean-Trace.aspx
https://www.itmedia.co.jp/news/articles/2404/09/news166.html

CASE 025
https://www.hardwarezone.com.sg/tech-news-google-now-user-testing-its-ar-navigation-feature-google-maps
https://innovatopia.jp/vrar/vrar-news/26267/
https://www.moguravr.com/google-i-o-2024-ar-revealed/

CASE 026
https://thewaltdisneycompany.com/disney-apple-vision-pro/
https://dpost.jp/2023/06/06/wp-94901/
https://www.itmedia.co.jp/news/articles/2401/17/news086.html

CASE 027
https://applemagazine.com/unity-rolls-out-polyspatial-game-development-platform-for-vision-pro-in-beta/59429/vision-pro-nba-2k
https://support.watch.nba.com/hc/ja/articles/20891550821783-Apple-Vision-Pro
https://sjn.link/news/detail/type/report/id/485

CASE 028
https://apps.apple.com/ca/app/sky-guide/id576588894?platform=vision
https://www.fifthstarlabs.com/sky-guide

CASE 029
https://www.apple.com/newsroom/2024/04/apple-vision-pro-brings-a-new-era-of-spatial-computing-to-business/
https://www.sap.com/japan/assetdetail/2024/02/e22a755b-a87e-0010-bca6-c68f7e60039b.html
https://www.macotakara.jp/Vision/entry-46511.html

CASE 030
https://forbusiness.snapchat.com/blog/introducing-sponsored-ar-filters
https://www.snapchat.com/explore/arfilter?locale=ja-JP
https://www.moguravr.com/snap-sponsored-ar-filter-debut/
https://prtimes.jp/main/html/rd/p/000000045.000083919.html

CASE 031
https://www.asahibeer.co.jp/news/2023/1011.html
https://xtrend.nikkei.com/atcl/contents/casestudy/00012/01397/
https://prtimes.jp/main/html/rd/p/000001103.000016166.html

CASE 032
https://prtimes.jp/main/html/rd/p/000000165.000075449.html
https://vrchat.com/home/launch?worldId=wrld_6bda8294-8f85-4a3b-a6e4-4ecc69250b12
https://vr-lifemagazine.com/vr_mos-burger-on-the-moon_spring/
https://www.moguravr.com/vrchat-mos-burger/

CASE 033
https://hellotokyofriends.metro.tokyo.lg.jp/jp/
https://hellotokyofriends.metro.tokyo.lg.jp/jp/articles/articles_240308_02.html
https://prtimes.jp/main/html/rd/p/000000001.000137531.html
https://note.com/motohiro0215/n/n23eeefa1f370

CASE 034
https://presswalker.jp/press/31510
https://singapore-river.sg/sro-events/srf2023/

CASE 035
https://www.roblox.com/ja/games/12596416224/Moonlight-Sunrise
https://www.4gamer.net/games/612/G061218/20230313030/

CASE 036
https://www.mlb.com/news/mlb-virtual-ballpark-first-regular-season-stream
https://www.moguravr.com/mlbs-virtual-ballpark/

CASE 037
https://prtimes.jp/main/html/rd/p/000000104.000041844.html
https://www.itmedia.co.jp/business/articles/2201/27/news185.html

CASE 038
https://www.gundam.info/news/hot-topics/01_12562.html
https://prtimes.jp/main/html/rd/p/000001172.000051316.html

CASE 039
https://www.fortnite.com/@fortxg/2413-6753-8511?lang=ja
https://www.universal-music.co.jp/ariana-grande/news/2021-08-10/

https://note.com/headline_asia/n/n12425d1e668a

CASE 040
https://prtimes.jp/main/html/rd/p/000000015.000111821.html
https://robotstart.info/2023/05/04/fortnite-metaverse-haunted-house.html

CASE 041
https://apps.apple.com/jp/app/gucci/id334876990?platform=vision
https://www.macotakara.jp/VisionApp/entry-46499.html

CASE042
https://www.beams.co.jp/news/3827/
https://prtimes.jp/main/html/rd/p/000000321.000034617.html
https://www.beams.co.jp/news/4045/?srsltid=AfmBOor-CQwgYapG26kBDGTjQu1CIqYU3olinwWFS-Ju-PR5B2giEW9X
https://event.vket.com/about

CASE 043
https://www.youtube.com/watch?v=Qx9p469sf2Y
https://news.marriott.com/news/2021/12/04/marriott-bonvoy-logs-into-the-metaverse-with-debut-of-travel-inspired-nfts

CASE 044
https://www.zillowgroup.com/news/how-to-get-the-best-out-of-the-zillow-immerse-app/
https://investors.zillowgroup.com/investors/news-and-events/news/news-details/2024/Experience-the-future-of-home-tours-with-Zillow-Immerse-on-Apple-Vision-Pro/default.aspx
https://innovatopia.jp/vrar/vrar-news/10404/

CASE 045
https://it.impress.co.jp/articles/-/25809
https://prtimes.jp/main/html/rd/p/000000014.000111509.html

CASE 046
https://www.advertimes.com/20231219/article443506/
https://prtimes.jp/main/html/rd/p/000000020.000099750.html
https://prtimes.jp/main/html/rd/p/000000270.000033586.html
https://www.sogohodo.co.jp/ooh/23668/

CASE 047
https://www.nissan-global.com/JP/STORIES/RELEASES/nissan-goes-virtual-with-the-sakura/
https://www.moguravr.com/vrchat-nissan-trial-ride/
https://note.com/nemchan_nel/n/n6aa3782c257a

CASE 048
https://www.kyocera.co.jp/newsroom/topics/2024/002343.html
https://money-bu-jpx.com/news/article043538/
https://www.itmedia.co.jp/news/articles/2307/05/news162.html

CASE 049
https://prtimes.jp/main/html/rd/p/000000586.000017692.html
https://metapicks.jp/2024/04/nishitetsu-metaverse-ai/
https://www.nishitetsu.co.jp/ja/news/news20240403_2.html

CASE 050
https://www.jig.space/apple-vision-pro
https://apps.apple.com/jp/app/jigspace-3d-presentations/id6456791766

CASE 051
https://www.rev-worlds.com/
https://www.mistore.jp/shopping/feature/shops_f3/vrinfo_sp.html

CASE 052
https://walmartrealm.com/
https://news.yahoo.co.jp/articles/de5b555018dfbde8b6c8adc6a96c7c091d19826b

CASE 053
https://www.axismag.jp/posts/2019/05/128285.html

https://www.itmedia.co.jp/news/articles/1905/10/news060.html

CASE 054
https://corp.zozo.com/news/20220405-19929/

CASE 055
https://www.warbyparker.com/app
https://wired.jp/2019/02/18/warby-parker-ar-app/

CASE 056
https://www.decathlon-united.media/pressfiles/decathlon-apple-visio-pro-immersive-experience
https://reads.alibaba.com/ja/decathlon-launches-immersive-shopping-app-for-apple-vision-pro/

CASE 057
https://www.amazon.co.jp/b?ie=UTF8&node=6350135051
https://www.watch.impress.co.jp/docs/news/1183362.html

CASE 058
https://apps.apple.com/us/app/j-crew-virtual-closet/id6473550031
https://www.macotakara.jp/VisionApp/entry-46187.html
https://news.yahoo.co.jp/articles/ba7ca4ad13e11095681f62ca6515a5a63151eec3?page=2

CASE059
https://apps.apple.com/jp/app/stockx-%E3%82%B9%E3%83%8B%E3%83%BC%E3%82%AB%E3%83%BC-%E3%82%A2%E3%83%91%E3%83%AC%E3%83%AB/id881599819?platform=vision
https://www.macotakara.jp/VisionApp/entry-46341.html
https://www.youtube.com/watch?v=-5xuYJhHs20

CASE 060
https://www.taisei.co.jp/about_us/wn/2023/230908_9642.html
https://www.hitachi.co.jp/New/cnews/month/2023/09/0908.html
https://deh.hitachi.co.jp/_ct/17712299
https://www.nikkei.com/article/DGXZQOUC082ZR0Y3A900C2000000/

CASE 061
https://www.kajima.co.jp/news/press/202005/11a1-j.htm

CASE 062
https://www.daiwahouse.co.jp/innovation/soh/vol11/
https://www.daiwahouse.co.jp/about/release/house/20230822093523.html
https://japan.cnet.com/article/35208103/

CASE 063
https://uk.motor1.com/news/402250/vw-van-mechanics-vr-assistance/
https://www.moguravr.com/volkswagen-ar/
https://www.realwear.com/jp/resources/case-studies/volkswagen
https://www.realwear.com/jp/resources/case-studies/

CASE 064
https://www.microsoft.com/ja-jp/events/azurebase/blog/hololens-2-dynamics-365-mixed-reality-application/

CASE 065
https://nw.tohoku-epco.co.jp/news/pdf/__icsFiles/afieldfile/2023/09/15/230915001.pdf
https://www.nikkei.com/article/DGXZQOCC152ZT0V10C23A9000000/

CASE 066
https://www.shimz.co.jp/company/about/news-release/2024/2023063.html
https://xtech.nikkei.com/atcl/nxt/column/18/00154/01993/
https://nw.tohoku-epco.co.jp/news/pdf/__icsFiles/afieldfile/2023/09/15/230915001.pdf
https://www.nikkei.com/article/DGXZQOCC152ZT0V10C23A9000000/

CASE 067
https://www.apple.com/newsroom/2024/04/apple-vision-pro-brings-a-new-era-of-spatial-computing-to-business/
https://aerospacetechreview.com/klm-demonstrates-how-apple-vision-pro-can-improve-technical-maintenance/

CASE 068
https://www.nvidia.com/en-us/on-demand/session/gtcspring22-d4110/
https://xtech.nikkei.com/atcl/nxt/column/18/00001/07867/
https://robotstart.info/2023/03/23/omniverse-cloud-microsoft-azure.html

CASE 069
https://www.press.bmwgroup.com/global/article/detail/T0329569EN/bmw-group-and-nvidia-take-virtual-factory-planning-to-the-next-level?language=en
https://blogs.nvidia.co.jp/2021/05/10/nvidia-bmw-factory-future/
https://blogs.nvidia.co.jp/2023/03/24/bmw-group-nvidia-omniverse/
https://engineer.fabcross.jp/archeive/230430_omniverse.html

CASE1 070
https://www.lowesinnovationlabs.com/projects/store-digital-twin
https://blogs.nvidia.co.jp/2022/09/26/lowes-retail-digital-twins-omniverse/
https://news.livedoor.com/article/detail/22907083/

CASE 071
https://blogs.nvidia.co.jp/2022/09/28/deutsche-bahn-railway-system-digital-twin/
https://www.itmedia.co.jp/enterprise/articles/2209/22/news072.html

CASE 072
https://youtu.be/kFIM6vPLO9Y
https://www.khi.co.jp/news/detail/20220525_1.html
https://xtech.nikkei.com/atcl/nxt/column/18/02091/00007/

CASE 073
https://www.nttcom.co.jp/news/pr22030701.html
https://xtech.nikkei.com/atcl/nxt/news/18/15811/

CASE 074
https://www.youtube.com/watch?v=J-MrgR9HGbM
https://news.zoom.us/zoom-launches-new-app-for-apple-vision-pro-to-make-hybrid-collaboration-more-immersive/
https://www.itmedia.co.jp/news/articles/2401/30/news098.html

CASE 075
https://www.ovice.com/article/ja-usecase-astrazeneca
https://www.nikkei.com/article/DGXZQOUC047B00U2A101C2000000/

CASE 076
https://www.mondly.com/vr

CASE 077
https://www.labster.com/blog/about-short-virtual-labsD
https://jukuaid.com/posts/cy1f_Ak9

CASE 078
https://media.ally.com/multimedia?item=20342&ajax=ajax&op=modal
https://allyfintropolis.com/

CASE 079
https://www.gla.ac.uk/news/headline_1012014_en.html
https://meta-tours.jp/news/10658/

CASE 080
https://www.pianovision.com/
https://www.meta.com/ja-jp/experiences/5271074762922599/

CASE 081
https://www.frontale.co.jp/info/2023/0522_15.html
https://www.soccerdigestweb.com/news/detail/id=132980

CASE 082
https://corporate.walmart.com/news/2018/09/20/how-vr-is-transforming-the-way-we-train-associates

CASE 083
https://www.nikkei.com/article/DGXZQOUC127SU0S3A410C2000000/
https://www.hitachi.co.jp/New/cnews/month/2023/12/1218.html

CASE 084
https://prtimes.jp/main/html/rd/p/000000004.000083099.html
https://www.sugiko.co.jp/news/2024/311/

CASE 085
https://www.taisei.co.jp/about_us/wn/2024/240205_9870.html
https://www.yomiuri.co.jp/science/20240202-OYT1T50196/

CASE 086
https://apps.apple.com/us/app/resolve-spatial-bim-app/id6476718767

CASE 087
https://blogs.nvidia.co.jp/2022/06/01/ukaea-digital-twins-omniverse/
https://world-nuclear-news.org/Articles/Digital-twin-of-STEP-fusion-machine-to-be-created
https://www.jetro.go.jp/biznews/2023/06/816c4dd4103120ba.html

CASE 088
https://mars.nasa.gov/news/8374/mars-virtual-reality-software-wins-nasa-award/
https://cointelegraph.com/news/nasa-created-virtual-reality-vr-metaverse-life-moon-mars-artemis-lunar-space-station

CASE 089
https://pr.fujitsu.com/jp/news/2024/03/26.html
https://xtech.nikkei.com/atcl/nxt/column/18/00001/09322/

CASE 090
https://www.woven-city.global/jpn/
https://jidounten-lab.com/u_47645

CASE 091
https://www.mlit.go.jp/plateau/
https://prtimes.jp/main/html/rd/p/000000015.000074791.html

CASE 092
https://monoist.itmedia.co.jp/mn/articles/2301/19/news079.html
https://www.odakyu.jp/news/dq40940000000van-att/dq40940000000vau.pdf
https://newswitch.jp/p/38511

CASE 093
https://www.geospatialworld.net/prime/case-study/national-mapping/virtual-singapore-building-a-3d-empowered-smart-nation/
https://en.wikipedia.org/wiki/Virtual_Singapore
https://wired.jp/2017/06/21/3dmap-virtual-singapore/

CASE 094
https://blog.3ds.com/industries/cities-public-services/rebuilding-ukraines-cities-using-virtual-twins/
https://built.itmedia.co.jp/bt/articles/2212/19/news067.html
https://xtech.nikkei.com/atcl/nxt/news/18/14397/

CASE 095
https://japanese.seoul.go.kr/%E6%94%BF%E7%AD%96%E7%B4%9E4%BB%8B/%E3%82%B9%E3%83%9E%E3%83%BC%E3%83%88%E3%82%B7%E3%83%86%E3%82%A3/%E3%83%A1%E3%82%BF%E3%83%90%E3%83%BC%E3%82%B9%E5%8F%8A%E3%81%B3%E3%83%96%E3%83%AD%E3%83%83%E3%82%AF%E3%83%81%E3%82%A7%E3%83%BC%E3%83%B3/

CASE096
https://applemagazine.com/vision-pro-empowers-a-new-era-in-surgical-procedures/63553
https://www.cromwellhospital.com/newsroom/news/exex-and-cromwell-hospital-pioneer-the-first-use-of-apple-vision-pro-in-uk-surgery/
https://www.gizmodo.jp/2024/03/apple-vison-pro-is-used-in-surgery.html

CASE 097
https://www.swissinfo.ch/jpn/%E7%A7%91%E5%AD%A6/vr-%E6%89%8B%E8%A1%93-%E4%B8%8D%E5%AE%89/72852937
https://www.youtube.com/watch?v=aojsAxAk_7E

CASE 098
https://blog.vive.com/us/vive-focus-3-revolutionizes-astronaut-physical-health-on-the-iss/
https://prtimes.jp/main/html/rd/p/000000210.000033579.html

CASE 099
https://www.meshbio.com/news
https://forbesjapan.com/articles/detail/68920

CASE 100
https://www.siemens-healthineers.com/press/releases/cinematic-reality-applevisionpro
https://apps.apple.com/jp/app/cinematic-reality/id6474022077
https://holoeyes.jp/topics/20240131_holoeyes-body-release/

著者紹介

今泉 響介（いまいずみ きょうすけ）

株式会社メタバース総研（現・CREX）代表取締役社長
慶應義塾大学経済学部卒業。
学生起業した事業を売却後、日本企業の海外展開/マーケティングを支援する株式会社Rec Locを創業・社長就任を経て、現職に。メタバースのビジネス活用ノウハウに特化した国内最大級の読者数を誇るメディア「メタバース総研」の運営やメタバースに関するコンサルティングおよび開発サービスの提供を行っている。

BOW BOOKS 029
はじめてのメタバースビジネス活用図鑑

発行日	2024年9月30日　第1刷
著者	今泉響介
発行人	干場弓子
発行所	株式会社BOW&PARTNERS https://www.bow.jp　info@bow.jp
発売所	株式会社 中央経済グループパブリッシング 〒101-0051　東京都千代田区神田神保町1-35 電話 03-3293-3381　FAX 03-3291-4437
ブックデザイン	小口翔平＋畑中茜＋青山風音（tobufune）
編集協力＋DTP	BK's Factory
校正	文字工房燦光
印刷所	中央精版印刷株式会社

ⒸKyosuke Imaizumi 2024　Printed in Japan　ISBN978-4-502-51621-4

落丁・乱丁本は、発売所宛てにお送りください。送料小社負担にてお取り替えいたします。
定価はカバーに表示してあります。
本書の無断複製、デジタル化は、著作権法上の例外を除き禁じられています。

BOW BOOKS

時代に矢を射る　明日に矢を放つ

001　リーダーシップ進化論
人類誕生以前からAI時代まで
酒井 穣
2200円 ｜ 2021年10月26日発行
A5判並製 ｜ 408頁

壮大なスケールで描く、文明の歴史と、そこで生まれ、淘汰され、選ばれてきたリーダーシップ。そして、いま求められるリーダーシップとは？

002　ミレニアル・スタートアップ
新しい価値観で動く社会と会社
裙本 理人
1650円 ｜ 2021年10月26日発行
四六判並製 ｜ 208頁

創業3年11ヶ月でマザーズ上場。注目の再生医療ベンチャーのリーダーが説く、若い世代を率いる次世代リーダーが大切にしていること。

003　PwC Strategy&のビジネスモデル・クリエイション
利益を生み出す戦略づくりの教科書
唐木 明子
2970円 ｜ 2021年11月25日発行
B5判変型並製横イチ ｜ 272頁

豊富な図解と資料で、初心者から経営幹部まで本質を学び、本当に使える、ビジネスモデル・ガイド登場！

006　AI時代のキャリア生存戦略
倉嶌 洋輔
1760円 ｜ 2022年1月28日発行
A5判変型並製 ｜ 248頁

高台(AIが代替しにくい職)に逃げるか、頑丈な堤防を築く(複数領域のスキルをもつ)か、それとも波に乗る(AIを活用し新しい職を創る)か？

007　創造力を民主化する
たった1つのフレームワークと3つの思考法
永井 翔吾
2200円 ｜ 2022年3月24日発行
四六判並製 ｜ 384頁

本書があなたの中に眠る創造力を解放する！　創造力は先天的なギフトではない。誰の中にも備わり、後天的に鍛えられるものだ。

008　コンサルが読んでる本 100＋α
並木 裕太 編著
青山 正明＋藤熊 浩平＋白井 英介
2530円 ｜ 2022年5月27日発行
A5判並製 ｜ 400頁

ありそうでなかった、コンサルタントの仕事のリアルを交えた、コンサル達の頭の中がわかる「本棚」。

009　科学的論理思考のレッスン
髙木 敏行／荒川 哲
2200円 ｜ 2022年6月30日発行
A5判並製横イチ ｜ 212頁

情報があふれている中、真実を見極めるために、演繹、帰納、アブダクション、データ科学推論の基本を！

010　朝日新聞記者がMITのMBAで仕上げた戦略的ビジネス文章術
野上 英文
2420円 ｜ 2022年7月30日発行
四六判並製 ｜ 416頁

ビジネスパーソンの必修科目！　書き始めから仕上げまで、プロフェッショナルの文章術を、すべてのビジネスパーソンに。

015 コンサル脳を鍛える

中村 健太郎
1980円 | 2023年2月25日発行
四六判並製 | 256頁

コンサル本が溢れているのにコンサルと同じスキルが身につかないのはなぜか？ その答えは「脳の鍛え方」にあった!? すべての人に人生を変える「コンサル脳」を。

017 コンサル・コード
プロフェッショナルの行動規範48

中村 健太郎
2200円 | 2023年5月30日発行
四六判上製 | 232頁

コンサル新人研修プログラムテキスト本邦初大公開！ 大手外資系コンサルの作法と正しいアクションが学べる実践的スキルブック。

020 いずれ起業したいな、と思っているきみに
17歳からのスタートアップ講座
アントレプレナー列伝
エンジェル投資家は、起業家のどこを見ているのか？

古我 知史
1980円 | 2023年10月30日発行
四六判並製 | 296頁

起業家はみな変人だった!?出資を決める3つの「原始的人格」と「必須要件」とは？

023 イノベーション全史

木谷 哲夫
3080円 | 2024年3月30日発行
A5判並製 | 392頁

産業革命以来のイノベーションとそれにともなう社会の変革を振り返ることによって、今求められる『イノベーションを起こすための条件』を浮き彫りにする。

026 100年学習時代
はじめての「学習学」的生き方入門

本間 正人
2530円 | 2024年5月30日発行
四六判並製 | 344頁 | 2刷

教える側に立った「教育学」から、学ぶ側に立った「学習学」へ！ 「最終学歴」から「最新学歴」へ！

016 はじめての UXデザイン図鑑

荻原 昂彦
2640円 | 2023年3月27日発行
A5判並製 | 312頁 | 現在5刷

UXデザインとは、ユーザーの体験を設計すること。商品作りでも販売現場でもアプリやDXでも…あらゆる場面でUXデザインが欠かせない時代の武器となる一冊！

019 いずれ起業したいな、と思っているきみに
17歳からのスタートアップ講座
アントレプレナー入門
エンジェル投資家からの10の講義

古我 知史
2200円 | 2023年8月30日発行
四六判並製 | 328頁

高校生から社会人まで、「起業」に興味を持ったら最初に読む本！

021 グローバル メガトレンド10
社会課題にビジネスチャンスを探る105の視点

岸本 義之
2750円 | 2023年11月30日発行
A5判並製 | 400頁

これは、未来予測ではない。2050年の必然である。ビジネスで地球と世界の未来を救う若き起業家たちへの希望の書、誕生！

024 ビジネスパーソンに必要な3つの力

山本 哲郎
1980円 | 2024年4月30日発行
四六判並製 | 336頁

いちばん重要なのに、なぜか会社では教えてもらえないビジネススキルを学ぶ前に身につけておくべきビジネス地頭力！ 自己基盤力、課題解決力、論理的コミュニケーション力!!

全国主要書店、オンライン書店、電子書籍サイトで。
お問い合わせは、
https://www.bow.jp/contact

時代に矢を射る　明日に矢を放つ

WORKとLIFEのSHIFTのその先へ。
この数年、時代は大きく動いている。
人々の価値観は大きく変わってきている。
少なくとも、かつて、一世を風靡した時代の旗手たちが説いてきた、
お金、効率、競争、個人といったキーワードは、もはや私たちの心を震わせない。
仕事、成功、そして、人と人との関係、組織との関係、
社会との関係が再定義されようとしている。
幸福の価値基準が変わってきているのだ。

では、その基準とは？　何を指針にした、
どんな働き方、生き方が求められているのか？

大きな変革の時が常にそうであるように、
その渦中は混沌としていて、まだ定かにこれとは見えない。
だからこそ、時代は、次世代の旗手を求めている。
彼らが世界を変える日を待っている。
あるいは、世界を変える人に影響を与える人の発信を待っている。

BOW BOOKSは、そんな彼らの発信の場である。
本の力とは、私たち一人一人の力は小さいかもしれないけれど、
多くの人に、あるいは、特別な誰かに、影響を与えることができることだ。
BOW BOOKSは、世界を変える人に影響を与える次世代の旗手を創出し、
その声という矢を、強靭な弓（BOW）がごとく、
強く遠くに届ける力であり、PARTNERである。

世界は、世界を変える人を待っている。
世界を変える人に影響を与える人を待っている。
それは、あなたかもしれない。

代表　干場弓子